INTERGENERATIONAL
GROWTH OF
FAMILY
BUSINESSES

家族企业
跨代成长

王　刚◎著

经济管理出版社
ECONOMY & MANAGEMENT PUBLISHING HOUSE

图书在版编目（CIP）数据

家族企业跨代成长/王刚著 . —北京：经济管理出版社，2022.7

ISBN 978-7-5096-8619-5

Ⅰ.①家…　Ⅱ.①王…　Ⅲ.①家族—私营企业—企业—管理—研究—中国

Ⅳ.①F279.245

中国版本图书馆 CIP 数据核字（2022）第 129732 号

组稿编辑：王光艳

责任编辑：魏晨红

责任印制：黄章平

责任校对：曹　魏

出版发行：经济管理出版社

　　　　　（北京市海淀区北蜂窝 8 号中雅大厦 A 座 11 层　100038）

网　　址：www. E-mp. com. cn

电　　话：（010）51915602

印　　刷：北京市海淀区唐家岭福利印刷厂

经　　销：新华书店

开　　本：720mm×1000mm/16

印　　张：12

字　　数：201 千字

版　　次：2022 年 8 月第 1 版　　2022 年 8 月第 1 次印刷

书　　号：ISBN 978-7-5096-8619-5

定　　价：68.00 元

目 录

第❶章

绪　论

1.1　研究背景及研究意义

家族企业（Family Firm）对全球经济的发展起着重要的推动作用，无论是从绝对数量还是从经济规模来看，家族企业都占据着重要的地位，其经营状况成为衡量一国经济发展水平的依据之一。在学术研究领域，对家族企业的研究一直以来都是具有现实意义的主题（储小平，2000）。结合中国的管理情境，尤其是改革开放40多年来，伴随着中国经济高速发展而成长起来的家族企业正处于代际传承的关键时期，此时对中国家族企业跨代成长及其影响因素进行系统研究，无论是从理论角度还是从现实角度来看，对于中国家族企业的持续成长都具有重要意义。

1.1.1　研究背景

家族企业是历史悠久且分布区域较广的一种企业组织形式，在世界各国经济中扮演着重要角色。相关综合资料测算显示，家族企业的数量占全世界范围所有企业数量的65%～80%，对全世界GDP的贡献率也高达45%～70%（魏志华等，2014）。

改革开放以来，民营经济已经成为推动我国发展不可或缺的力量，成为创业就业的主要领域、技术创新的重要主体、国家税收的重要来源，为我国社会主义市场经济发展、政府职能转变、农村富余劳动力转移、国际市场开拓等发挥了重要作用。在我国民营企业中，家族企业占据了绝大多数，2019 年中国民营经济研究会家族企业委员会出版的《中国家族企业生态 40 年》一书中提到，中国的家族企业在民营企业中的比重已达到 80%。

家族企业在我国有悠久的历史，建立在宗族和家族基础之上的浙商、徽商、晋商构成了明清时期经济社会的重要支柱。家族企业已成为我国经济结构中最活跃、最富有创造力、最具有竞争力的经济成分，是保持我国经济高速增长的重要力量。2018 年，我国民营企业在世界 500 强企业中的数量已有 28 家，而 2010 年仅有 1 家。

尽管目前关于家族企业的定义众多，但是学术界普遍认为，是否具有把企业传承给下一代的意图才是区分家族企业与一般企业的根本标准，是否具有在家族内部跨代际持续发展的意愿才是家族企业的根本标志（Chua et al.，1999；Chrisman et al.，2005；Zellweger et al.，2010）。然而，全球范围内家族企业的平均寿命仅为 24 年，其中大约只有 30% 的家族企业能延续到二代，而能够延续到三代甚至更多的不到 15%（Morris et al.，1997）。2015 年《福布斯》发布的《中国现代家族企业调查报告》指出，随着中国改革开放而建立的家族企业的第一代创业者渐渐老去，中国家族企业普遍面临着严峻的交接班问题，代际传承迫在眉睫。对于大部分的中国家族企业而言，此时已经进入了从创始一代向家族二代传承的紧迫关头，中国家族企业正处于前所未有的代际传承高峰和关键时期（于斌斌，2012；黄海杰等，2018）。

跨代际的传承对于家族企业而言不仅仅是一种战略上的抉择，更是一场能够影响家族企业长远发展乃至寿命的复杂而长期的"接力赛"，关乎家族企业及家族的未来。然而，家族传承之路并非坦途。一些家族企业继任者因持续开拓进取意志的丧失而碌碌无为，在接班后渐渐迷失，使家族企业错失战略性的复兴良机，导致传承后企业的衰落。因此，对于当前阶段的中国家族企业而言，接班仅仅是代际传承的第一步，如何使完成传承的家族企业依然保持创新活力，在传承中依然保持战略的持续性和生命力，实现家族企业跨代际的持续成长显得尤为重要（朱仁宏等，2017）。该问题已成为企业界和学术界关注的热点，即伴随着家族企业创始一代的逐渐老去，家族企业的继任者能否使家族企业基业长青，把家族企业做成家族事业，这是家族企业面临的最大挑战。

基业长青的家族企业是持续创业、不断创新以及进行更职业化管理的结果（Kellermanns et al.，2010）。因此，在对家族企业、家族创业的相关研究中，家族企业在跨代际的发展中如何在保持家族传统和风范的同时，维持永续、长久的创业热情，保持不断创新、创业的活力，在持续创业中实现家族与企业两个系统的成长和延续成为最重要的问题（Stenholm et al.，2016）。

创业不是在"真空"中产生的，创业行为的发生和延续离不开创业者的创业精神。基于此，Miller（1983）、Lumpkin 和 Dess（1996）提出了创业导向的概念。按照创业导向的观点，家族企业的跨代成长离不开家族企业继任者的跨代创业，即在家族企业传承的同时实现企业家精神的传承，家族企业的继任者通过创新性的活动，追求家族财富的跨代积累（Habbershon and Pistrui，2002）。

Martin 和 Lumpkin（2003）认为，除了受传统家族治理的影响外，家族企业继任者没能紧随时代步伐，没能及时进行与之匹配的创新活动，因循守旧，丧失开拓精神、创业激情也是造成家族企业"富不过三代"现象的重要因素。也有学者提出了相反的观点，Casillas 等（2010）指出，在家族企业的继任者或者传承后的家族企业中，创业导向对企业成长的正向影响更加明显。而 Clark 等（2011）却认为，即便是在家族的跨代创业中，从个人特质角度而言，处于跨代创业的家族企业继任者没有表现出与一般创业者更多的不同，除了家族的特有资源给家族企业继任者带来的对于创业机会更敏锐的洞察力和辨识能力之外，他们在自我效能、自信度等方面与其他创业者无异。

在改革开放的进程中，家族企业的经营环境在不断发生变化，企业主的个人特性以及在企业、家族、社会中的角色也发生了改变。家族企业两代企业主受教育的背景、成长的经历和环境、创业的动力和源泉发生了深刻的变化，决定了家族企业代际间差异化的创业成长路径。

本书认为，需要重新审视家族后代在家族企业跨代创业成长中的角色，从传承的视角探讨家族企业继任者创业导向对于家族企业成长的作用及其机制。社会情感财富理论是家族企业研究领域近年来的热点问题，该理论认为，社会情感财富的保存或增加是家族企业重要的战略决策依据（Gomez-Mejia and Moyano-Fuentes，2007）。因此，关于继任者创业导向对家族企业跨代成长影响的研究，社会情感财富将是其中不可缺少的制衡要素（Schepers et al.，2014）。

本书以成功实现代际传承的家族企业为研究对象，探讨继任者创业导向对企业、家族成长的影响，以及社会情感财富在其中的作用。

1.1.2 研究意义

家族企业跨代成长问题不仅是企业主关心的，学者们也很重视。家族两代人权力的交接仅仅是家族企业代际传承的第一步，根植于家族及家族企业的创业精神、创业导向能否伴随权力的交接同时实现传承，才是家族企业长期繁荣、跨代际持续发展的重中之重。然而，决定基业长青以及家业长青的关键因素却是长期的、潜移默化的过程（杨学儒等，2009）。创业导向不同于实物资产，难以传承。本书关注的焦点在于：创业导向如何促进家族企业跨代成长，如何代际传承，如何在家族企业代际传承中得到延续。家族企业作为具有跨代际持续发展意愿的企业形态，如何在传承的同时实现跨代际、持续地创造财富、保持家族的持续繁荣，是本书研究的主题。

家族企业继任者是实现跨代创业成长的重要主体，也是家族创业的最终执行者。家族企业的继任者可以继承家族及企业的各种资源，具有比家族第一代创业者更好的资源禀赋。同时，由于继任者接手的是成熟的企业，相较于白手起家的创业者而言，独特的家族色彩为家族企业继任者提供了得天独厚的优势资源。

本书聚焦于继任者创业导向对家族企业成长的影响，在文献研究的基础上提出继任者创业导向、社会情感财富、家族企业成长之间关系的理论模型，以已实现代际传承的家族企业为样本数据进行检验，并就实证结果进行讨论，提出促进家族企业可持续发展的建议，从而促进民营经济的健康发展。

本书的研究意义包括理论和实践两个层面。

1.1.2.1 理论意义

第一，丰富创业导向与家族企业成长的相关研究。以往关于创业导向的研究多从组织层面进行考量，而在家族企业这一特殊的情境下，由于家族企业多数是中小企业，大多以企业主为领导中心，尤其是在注重代际传承的家族企业中，企业主对家族企业创业导向具有举足轻重的作用，是家族企业的核心。本书以继任者创业导向为出发点，关注成功实现代际传承家族企业的成长问题，试图发现两者之间关系的形成机制和作用机理。作为创业研究核心变量之一的创业导向，从战略决策的过程入手，较为明确地表明了创业行为和战略决策的过程。近年来，国内外诸多学者从创业导向的角度来探讨家族企业成长的问题（Stenholm et al.，2016；刘小元等，2017；周立新，2018），为本书提供了重要的理论基础。然而，上述研究忽略了家族企业的传承性、家族企业情境下创业导向的特殊性、家族企业继任者创业导向的家族性等问题。本书结合创业导向理论、社会情感财富理论、家族企业成长理论，在全面深化改革和加快经济转型的制度背景下分析家族企业继任者创业导向的维度及其对于家族企业跨代成长的影响，力图实现创业导向理论与家族企业跨代成长两个研究主题的融合与发展。

第二，拓展家族企业成长的研究范围。随着经济全球化进程的加快，世界经济格局越来越呈现数字化、智能化、绿色化的发展趋势，家族企业所面临的经营环境日益复杂、竞争越来越激烈，给家族企业的成长带来了前所未有的机遇和挑战。要想实现家族企业可持续成长和跨越代际发展的目标，一方面，家族企业需要做好企业及家族的内部治理，保证所有权和经营权合理的规划和设计，以实现真正意义上的传承；另一方面，家族企业的持续成长、家族企业开拓进取精神的延续和传承是实现企业与家族长久发展的关键。如何实现企业系统和家族系统的共同成长是继任者接班后需要思考的问题。本书探讨继任者创业导向对家族企业跨代成长的影响，有望拓展家族企业成长的研究主题和范围，为创业导向理论和企业成长理论提供来自中国的经验证据。

第三，拓展家族企业研究中社会情感财富理论的应用。本书探讨社会情感财富在继任者创业导向与家族企业跨代成长之间的调节作用，通过问卷调查进行实证检验，希望了解创业导向对家族企业跨代成长的影响路径。

1.1.2.2 实践意义

第一，家文化和家族文化根植于中国传统，影响着我国经济、社会、生活的方方面面。家族企业成长不仅影响企业本身的可持续发展，而且关乎国民经济的健康发展、社会和谐稳定乃至文化传承。因此，本书的研究成果对挖掘中国家族企业的成长文化和成长基因具有一定的推动作用。

第二，家族企业的发展伴随着改革开放的浪潮而来，由于历史因素，我国的家族企业大多没有传承的经验，目前尚处于摸索阶段。处于传承交接阶段的企业，如果处理不当将影响企业的长远发展，在交接过程中容易给企业运营带来风险。因此，本书对我国家族企业的可持续发展具有指导意义。

第三，本书的研究结论旨在引起家族企业继任者对创业导向及社会情感财富等问题的重视。希望家族企业制订合理的传承计划，把家族企业继任者创业导向、创业精神的培育提升到传承战略的高度，从而提高家族企业的成长绩效，有效促进家族企业跨代际持续成长。

1.2 相关概念的界定

1.2.1 家族企业

家族企业作为历史悠久且分布区域较广的企业组织形式，一直受到学术界的关注。然而，学者们在家族企业的定义上众说纷纭，分别从不同角度进行了界定，推动了家族企业研究的开展。Handler（1989）认为，对一个家族企业做出明确的分类标准是较为困难的。通过文献研究不难发现，家族企业的定义可以归纳为四个维度，即所有权、经营权、所有权与经营权、代际传承。

1.2.1.1　所有权视角

克林·盖尔西克（Gerisuck，1998）在《家族企业的繁衍》中提出：家族企业是指企业的所有权被一个家族所拥有。换言之，家族企业与非家族企业的区分标准是该企业的所有权是否被一个家族所掌握。Westhead 等（2001）从控股权的角度对家族企业做了进一步解释：一个家族对该企业拥有控股权即该家族在该企业的持股比例大于或等于 50% 时，就可以认为该企业是家族企业。吕占峰（2008）借鉴契约理论的观点提出，家族企业的主要特征是以伦理和血缘为纽带，这种企业组织形式的核心是家族掌握企业的所有权。

1.2.1.2　经营权视角

Handler（1989）提出，家族或家族成员在企业管理层（包括董事会或者经理层）中拥有话语权，即家族或家族成员能够决定企业的重大决策时，该企业就可以被视为家族企业。Daily 和 Thompson（1994）认为，家族企业管理层的核心职位应当是由个人或者与其有血缘关系的人担任。叶国灿（2004）拓宽了家族企业概念的范畴，认为当企业的管理权被一个或者多个家族控制，且这些家族成员可以决定企业的经营决策时，那么该企业就可以被视为家族企业。

1.2.1.3　所有权与经营权视角

钱德勒（1987）、Miller 和 Breton-Miller（2006）认为，家族企业应当是企业创始人及其家族成员或合伙人占有企业的绝大多数股份，并且拥有企业在经营过程中包括但不局限于财务决策、人员选拔等事务上的重要决策权。储小平和李怀祖（2003）认为，家族企业的重要表现就是家族拥有该企业的大多数的股权以及管理控制权。在此基础上，他们指出家族企业是把家族控股、家族以及企业规则融合在一起的企业。家族企业的控制权与所有权紧密联结，企业上市之后家族依然对企业股权以及管理权具有临界控制。

1.2.1.4 代际传承视角

Ward 和 Aronoff（1991）在家族企业的定义上重点突出了代际传承，认为一家企业是否为家族企业其关键就在于该企业的创始人是否会用代际传承的办法把企业传给其后代，即家族的年轻一代是否会从其父辈手中接过企业的控制权。朱富强（2011）提出，家族企业中有浓厚的血缘裙带关系，企业的核心管理职位实行的是家族成员之间代际传承的"世袭制"。Daily 和 Thompson（1994）指出，只有满足代际传承这一条件的企业才能被称为家族企业。

由于研究的目的与内容不同，学者们对家族企业做出了选择性的界定，导致难以形成统一的认识。

本书认为，家族涉入只是考虑一家企业是家族企业的最低的必要条件，并非家族企业的核心。一家企业的所有权或经营权被一个或者几个家族控制，而且这些权利可以正当地完成代际传承即传给家族后代，则可以认为该企业是家族企业。

1.2.2 家族企业跨代成长

家族企业跨代成长是指随着时间的推移，家族中的后辈在传承家族企业原有产业的基础上，根据外部环境的变迁以及自己的兴趣等拓宽家族企业的产业领域（Stenholm et al.，2016）。而这种跨代创业成长正是家族二代资源禀赋与外部环境整合及创新的过程（陈文婷，2013）。

随着时代的发展，家族二代在知识以及价值观方面与父辈们产生了一些区别。这种区别使家族企业资源结构出现异质性，进而导致家族企业在知识资源方面出现了多样性（杨蕙馨，2008）。家族企业持续发展中所需的创新创业精神能在这种异质性和多样性中得到保障，"持续创业"而非"守业"已成为家族企业跨代成长的通用范式，家族企业的代际传承与持续性发展都需要通过跨代创业来实现（李新春等，2015）。

针对家族企业成长的研究主要有四个维度，即规模、知识、制度以及企业成长。规模维度来自亚当·斯密在《国富论》中首次提出的"企业规模"概念。亚当·斯密指出，企业整体发展的动力来自个体机能分工的生产效率的提高。新古典经济学认为企业追求的是利润最大化，但知识维度的企业成长理论否定了这一观点，认为企业是一个受利润驱使，拥有协调、学习、组织等各项能力的生产者，其提高竞争力、不断成长的动力来自自身拥有的智力资本。制度维度的企业成长理论强调的是企业在生长过程中会受到制度的影响。家族企业的成长还可以从企业成长维度来判断，学者可以根据家族企业的管理者所处的世代来判断该家族企业所处的发展阶段，如果家族企业的实际管理者是企业创始人，那么该家族企业则处于发展的初期。当企业在家族间完成代际传承且实际管理者是家族后代时，该家族企业处于发展成熟期。

家族企业兼具家族与企业的要素与特征，是家族与企业的统一。正因如此，家族企业的成长问题不仅是家族或者企业的成长问题，还是两个系统的共同成长问题。目前，学者们在衡量家族企业时较为片面，关注的重点大多放在对企业系统的分析上。因此，本书将家族企业跨代成长界定为家族企业在完成传承的同时，实现跨代际、持续地创造财富，实现企业系统和家族系统的共同成长。

1.3　研究内容及框架

本书结合研究对象和研究目的，研究内容如下：

第 1 章，绪论。本章首先介绍本书的研究背景和研究意义，并提出了本书的研究内容及框架、研究方法及研究思路、主要创新点等。此外，还对家族企业、家族企业跨代成长等相关概念进行了界定。

第 2 章，文献综述。本章对创业导向、企业成长、社会情感财富等理论和文献进行梳理与归纳总结。在此基础上进行理论评述，在肯定以往研究贡献的同时，指出当前研究的缺陷，以便进一步明确研究的空间和可能。

第 3 章，中国家族企业发展历程及跨代成长面临的挑战。本章主要介绍法律和政策环境的变化对家族企业发展及其代际传承产生的影响，并通过对中国家族企业的发展历程进行分析，进一步阐释中国家族企业的主要特征及其代际传承的主要特点，在此基础上介绍了中国家族企业跨代成长面临的挑战。

第4章，理论模型构建及研究假设。本章基于文献综述，对本书研究所涉及的关键变量进行界定，以确定三个关键变量的维度结构，为研究假设的提出提供基础。对所要提出的理论模型进行逻辑推演，论证继任者创业导向、社会情感财富与家族企业跨代成长之间的关系，从而构建理论模型。结合以往的研究，在构建的理论模型中，设定继任者创业导向为自变量，家族企业跨代成长为因变量，社会情感财富为调节变量。接着围绕两个主要问题展开：继任者创业导向分别对企业成长和家族成长产生何种影响？社会情感财富在继任者创业导向与家族企业跨代成长之间起到何种调节效应？关于继任者创业导向对企业成长和家族成长的影响，本书提出了两个假设。关于社会情感财富的调节效应，本书提出了四个假设。

第5章，研究设计。本章首先介绍问卷设计的原则、问卷内容和问卷设计的过程；其次对问卷涉及的继任者创业导向、企业成长、家族成长、社会情感财富四个量表进行设计；最后对问卷进行预测试，保证正式调研的准确性。

第6章，数据分析与讨论。本章首先对问卷的调研过程进行简单说明，对收集到的数据进行描述性统计；其次进行问卷的信度和效度分析；再次对本书研究的主要变量进行相关性分析以检验它们的共线性问题；最后进行实证检验，对提出的研究假设进行回归分析，对假设检验结果进行总结，并对检验结果进行详细的讨论。

第7章，中国家族企业跨代创业成长类型与模式。本章分别介绍了中国家族企业跨代创业成长类型与中国家族企业跨代创业成长模式。

第8章，主要研究结论与家族企业跨代成长对策建议。本章进一步提炼研究结论，并对家族企业如何成功实现跨代成长提出对策建议，最后指出了本书研究的不足并对未来的研究进行了展望。

1.4　研究方法及研究思路

1.4.1　研究方法

本书主要采用文献分析法、问卷调查法和统计分析法，同时结合定性分析和定量分析，并利用 SPSS 软件对数据进行分析处理，以对提出的研究假设进行验证。具体的研究方法包括：

1.4.1.1　文献分析法

文献收集是理论提出的基础，本书对创业导向、家族企业成长及社会情感财富的相关文献进行理论综述。

1.4.1.2　问卷调查法

对完成代际传承的家族企业继任者发放问卷，进行家族企业继任者创业导向、继任者个人特征、企业基本信息、家族成长、企业成长以及家族社会情感财富的数据收集。

1.4.1.3　统计分析法

本书在对收集到的数据进行整理、加工后，通过 SPSS 软件进行定量分析，对提出的研究假设进行实证检验，来验证继任者创业导向、家族社会情感财富及家族企业跨代成长之间的关系。

1.4.2　研究思路

首先，根据已有的研究基础和拟解决的现实问题，收集、整理相关文献，结合学科知识推导概念模型，并结合前人的研究，运用理论分析和逻辑推理相结合的方法提出研究假设。其次，在经过小样本问卷的预测试之后，完善调研问卷并发放问卷。再次，在对收集到的样本数据整理、加工后，利用统计分析软件对研究假设进行检验，以验证假设，并对假设检验结果进行分析和讨论，阐释原因。最后，提出研究结论、研究贡献，并就研究不足提出未来的研究展望。研究思路与技术路线如图1-1所示。

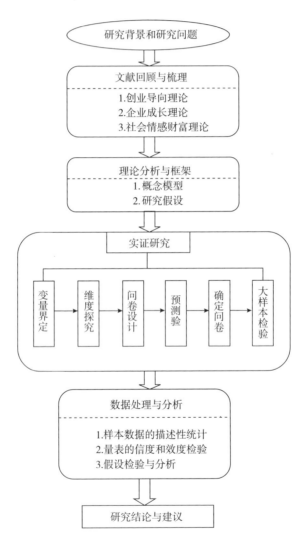

图1-1 研究思路与技术路线

1.5 主要创新点

本书选定已经完成代际传承、成功实现家族企业权力交接的家族企业这一特殊企业类型，以家族企业的继任者为研究对象，从家族的社会情感财富角度出发，对继任者创业导向与家族企业跨代成长问题进行研究。虽然已有学者们对创业导向、企业成长等理论的发展和应用进行了诸多有益的探索性研究，但是对于家族企业情境下，尤其是在成功实现了代际传承的家族企业情境下，该理论的适用性仍需加强研究和完善，本书试图以此为突破点对相关理论进行一定的完善和补充。

本书的主要创新点包括：

第一，揭示继任者创业导向的内涵及其作用，将继任者创业导向的特征分为创新性、先动性和自主性三个维度。代际变化有助于企业的创业导向随着时间的推移而变得更加有效，突出了创业导向的动态性质，然而完成代际传承后企业家创业导向的建立问题尚未得到充分解决。因此，本书关于继任者创业导向的研究，可以使创业导向更适合家族企业情境，尤其是适合处于代际传承阶段的家族企业。这为实现代际传承家族企业的研究提供了一个较好的分析框架，补充和完善了家族企业理论。

第二，结合社会情感财富理论，探究家族企业继任者的创业导向对家族企业跨代成长的影响。创业导向概念的运用历经了从个人层面到组织层面的演进，但是在家族企业这一特殊企业情境下，由于家族企业多数是中小企业，该类企业大多是以企业主为领导中心的组织形态，尤其是对于注重代际传承的家族企业来说，更加注重企业主对于企业的重要影响。作为家族企业接班人的继任者是家族企业跨代成长的关键人物，继任者的创业导向对于家族企业的发展至关重要，而社会情感财富是家族企业决策的重要参考，亦是家族企业成长的重要影响因素。本书基于中国家族企业传承高峰和经济社会转型发展的背景，在继任者创业导向与家族企业跨代成长的关系中加入社会情感财富变量，将三个变量有机整合在一个理论分析框架之中，系统地研究社会情感财富在继任者创业导向对家族企业跨代成长影响机制中的调节效应。

第三，运用中国家族企业的样本数据进行实证研究，探索符合中国情境的家族企业成长影响因素。中国特殊的社会文化环境使家族企业的经营管理环境和家族企业继任者的成长环境呈现出不同于西方国家的特性，因此无法照搬西方的研究结论。本书基于中国情境，采用问卷调研的方式获得家族企业及其继任者的研究数据，并通过实证分析，尝试找出符合中国国情的家族企业跨代成长路径，期望为提升家族企业成长能力提供一定的理论支撑和实践指导。

第❷章

文献综述

家族企业在生产经营发展过程中需要注重创新意识、引入现代企业管理制度、突出职业化管理的重要性。创业行为发生的基础或者驱动力来自创业者的创业意识和创业理念。本章对国内外的现有文献，尤其是对家族企业创业导向、企业成长、家族企业跨代成长、社会情感财富等内容进行评述，以明确研究方向和重点。

2.1　创业导向研究

国内外学者普遍认为需强化家族企业创业精神，通过持续的创业行为为家族企业长效发展带来推动力。创业导向（Entrepreneurial Orientation）是一种旨在增强企业应对挑战和管理外部环境不确定性能力的战略导向，创业企业在落实战略规划时，需根据行业发展特征承担一定的发展风险，在积极创新、主动转变的过程中获得竞争优势，并在经营管理中展现创新创业精神。创业导向是能够反映出企业管理者的决策风格、决策方法以及具体行为的创业特性。

2.1.1　创业导向的内涵

创业导向与创业者、创业精神之间有紧密的联系，不仅能够描述创业者对应的个体特征（Miller，1983），而且被视为一种企业行为（Covin and Slevin，1991）。创业导向把创业精神视为展现创新、乐于冒险、具有前瞻性规划的综合行动，其主要目的是实现"新进入"。企业具备创业导向，可以在实践中以创业精神为基础，探讨在各项决策中进行创新的可能，这也直接影响企业所开展的各项活动（Lumpkin and Dess，1996）。进入 21 世纪后，创业导向逐渐被认为是在新时代竞争环境下，企业获得长效发展的基础条件（Wiklund and Shepherd，2005），创业导向能够促进企业发挥自身优势，进而展现自身抱负。

自 20 世纪 70 年代起，国外学术界对创业导向的研究逐渐深入，不少研究人员从战略管理角度，探讨了创业导向的定义和内涵，以发现企业在获得新机遇时如何进行决策才能获得成功。随着研究的深入，创业导向逐渐成为战略管理理论研究和推广的重点。

Khandwalla（1977）率先提出了"创业导向"的概念，认为创业导向可以分为创新性和先动性，随后该概念得到了迅速推广。1983 年，Miller 对创业的本质进行了阐述，提出创业的概念可以分为三部分，即创新性、先动性和风险承担。随后，研究人员从不同视角分析了创业导向的具体意义和行业内涵。虽然 Miller 并未直接对创业导向下定义，但是其对创业的具体结构进行了划分，这也为创业导向维度建设提供了理论基础。Covin 和 Slevin（1989）表示，创业导向属于一种战略姿态或一种竞争导向，能够为企业未来发展提供指导，同时也要求企业做好承担风险的准备，为在业内竞争中占据优势地位而主动进行创新，并主动参与竞争，如果企业具备这些表现，则意味着其存在创业导向。Covin 和 Slevin（1989）认为，创业导向能够影响企业战略规划，并认为从战略姿态角度而言，创业导向能够体现出企业创业行为的风格和具体方法，但其仍未直接对创业导向作出定义。

Lumpkin 和 Dess（1996）认为，创业导向是组织在创业行为中各项战略制定、活动风格的集中体现，标志着学术界对创业导向的研究迈入了新时期。Lumpkin 和 Dess 指出，创业与创业导向之间存在差异，创业更注重于对应活动的具体内容，是企业布置实施的具体行为，包括公司业务范围、目标市场定位、市场细分、资源利用、内部管理等；而创业导向主要从流程、风格、方向等角度出发，如引入新技术、添购新设备、开拓新市场、进行新项目投资等。

在早期的研究中，Miller（1983）、Covin 等（1989）以及 Lumpkin 和 Dess（1996）指出创业导向属于战略导向，能够为企业发展提供战略指导。Rauch 等（2010）也认同该观点，指出创业导向可以视为企业管理者在战略管理过程中需要注重的内容，对企业目标制定、战略计划编制、资源优化配置具有明显影响。Covin 等（2006）认为，创业战略活动涉及方面较多，呈现出较高的复杂度，与企业决策、管理和风险控制存在紧密关联。

此后，研究人员从多个视角出发，对创业导向进行了内涵界定，并提出了相应观点。有部分学者将创业导向视作组织层面存在的且需要推广的创业文化。Lee 和 Pennings（2001）指出，创业导向是企业管理结构中的一部分，能够体现出企业业务流程、管理理念和企业文化中的创业思想，即创业导向可以为企业提高核心竞争力提供帮助，不同企业的创业导向存在差异，且需经过较长时间和较多资源的培养才能实现，而非直接可以从市场上获得。此外，其余概念也可以用于阐述以创业导向为核心的相似属性，如创业方式、创业风格、创业立场等。

Covin 和 Lumpkin（2011）对创业导向的性质作出分析，认为创业导向的关键在于以"导向"为基础。Merriam - Webster 在线词典也对"导向"的概念作出了定义，即在思想上、兴趣上保持一致性或连续性的方向。基于该定义，Covin 和 Lumpkin（2011）指出，创业导向即在创业层面能够在思想上、兴趣上保持一致性或连续性的方向，并从实践角度出发，指出对创业导向中的"导向"标记较多标签并不合适。

Covin 和 Lumpkin（2011）认为，在对创业导向的本质作出分析时，需首先思考创业导向是属于"倾向"还是属于"行为"，该问题在学术探讨中被经常提及。例如，Voss 和 Moorman（2005）认为，创业导向可以视为企业根据时代变化和行业特征所形成的活动倾向，是企业在风险控制、行为创新、竞争主动性等方面的具体体现。Pearce 等（2010）指出，创业导向是包括创新性、先动性在内的组织行为。

对于创业导向属于倾向或行为的判断，可从下述两个关键点进行分析：首先，从不同视角出发能够对创业进行解释，但不少学者普遍认为创业导向属于企业整体层面的内容。换言之，创业导向是在战略规划中在单元层面存在的现象，而此处的"单元"不仅包括中小企业，还包括大型企业中的部门。这尚不能全面表达创业思想或创业行为的具体倾向，因此不能为了强化概念的普遍性而一味地扩大创业导向范围，这样容易造成概念模糊，使概念欠缺精准度。此外，将创业导向认定为倾向会造成创业导向同其他与创业相关的概念出现冲突。例如，被认定为一种倾向的创业导向与创业文化、创业氛围、创业思维、创业主导逻辑等的区别将变得模糊。

另外，将创业导向视作一种倾向也不符合社会对于创业核心的认知，如 Katz 和 Gartner（1988）在研究过程中认为，需要结合企业家的实际行动而非他们所拥有的特质来了解创业导向。Covin 和 Slevin（1991）指出，行为是创业企业存在的具体属性。

从创业对应的行为模型也可以看出，行为对创业过程具有更多的影响。一个人的心理特征无法使其转变为真正的企业家，只有通过行动才能成为真正的企业家。也就是说，没有行为属性的组织并不会成为企业，组织结构、组织文化、组织管理规定等是企业创业的基础。由此可见，行为是创业的中心环节，也是进行创业的必备因素。

综上所述，本书认为创业导向是指在企业家层面，具备创业特征的战略规划、决策理念、活动风格等，是具备创新性、先动性、自主性特征的行为。

2.1.2　创业导向的维度

Miller 和 Friesen（1978）在研究过程中构建了创业导向模型，明确了 11 个与战略决策过程相关的研究维度。此后，Miller（1983）经过长期研究和实证分析，创建了创业导向模型，具体可以分为创新、先动和风险三个不同维度，这意味着学术界开始对创业导向的维度开展研究，同时这也是后期研究人员在进行相关分析时引用最多的模型框架（Zahra and Covin，1995；Wiklun and Shepherd，2003）。与创业导向维度相关的研究及其定义如表 2-1 所示。

在早期，创业导向往往被当作具有单维度特征的概念（Covin and Slevin，1989）。创业导向中的各项维度之间保持正向关联，即若企业在其中一项维度中的得分增高，其在其他两项维度中的得分也将随之增高，如创新性分值增加，对应的先动性分值与风险承担性分值也会增加。然而，随着时间的推移，该观念受到了挑战。Lumpkin 和 Dess（2001）指出，

表 2-1 与创业导向维度相关的研究及其定义

维度	文献来源	定义
创新性	Schumpeter（1934）	新组合（技术、市场和组织方等，他也将创新定义为创建新的产品功能）
	Lumpkin 和 Dess（1996）	倾向于从事和支持能产生新产品、服务或技术的新思路以及新颖性实验和创新过程
	Zahra 和 Covin（1995）	产品创新指公司创新产品的能力或改善现有产品来满足需求或未来市场的能力
	Knight（1997）	追求创造性或新颖性的解决方案以应对公司面临的挑战，包括发展或改进产品和服务，以及执行组织职能的新的管理技巧和技术
风险承担性	Lee 和 Peterson（2000）	愿意承担风险，愿意接受与自雇相联系的不确定性和风险，而不是把组织当成就业的避难所
	Zahra 和 Garvis（2000）	部署支持新项目（如国际企业），即使不确定这些活动的回报
先动性	Antoncic 和 Hisrich（2001）	在非常关键的业务领域试图领导而不是跟随竞争对手，如开发新产品、服务、操作技术和管理技术
	Lumpkin 和 Dess（1996）	通过预测和追求新机会、参与新兴市场来主动采取措施
	Zahra（2005）	开发新产品、服务或技术来打击竞争对手的能力
自主性	Lumpkin 和 Dess（1996）	诞生创意的个人或团体决心将之贯彻到底的独立行动，通常意味着追求机会时自我决策的能力和愿望，在组织情境下指不顾组织约束的行动
	Lee 和 Peterson（2000）	创建新企业所必需的独立精神和自由
竞争侵略性	Lumpkin 和 Dess（1996）	新进入者往往需要有同现有竞争对手针锋相对的姿态

资料来源：根据相关文献整理。

创业导向各维度可能并不存有共变性，其本身就具有多维度特征的复杂结构。企业能够按照特定环境的需要，对其中的某一项维度投入较多，使该维度逐渐增强，但其他两项维度处于较弱状态。Kreiser 等（2002）结合样本数据统计和信息分析认为，创业维度具备一定的独立变动特征，并非具有共变关联。此后，越来越多的学者论证了创业导向维度之间具有明显的独立性，以独立维度作为对创业导向的分析方法逐渐被学术界认可，并将其作为创业导向研究的基础。研究表明，各项创业导向维度对类型差异、规模差异、发展阶段差异的企业的影响并不相同。

Lumpkin 和 Dess（2001）在传统创业导向结构维度之外增添了两项新维度，即自主性与竞争侵略性，但对新增添的维度研究较少，对应的推广率也不高。Miller 最早时候探究形成的创业导向维度，在经过普及之后，由 Covin 和 Slevin（1989）在研究过程中实现细化，使各维度的概念和关联得到了论证，之后 Rauch 等（2010）将其发展为兼有理论严谨性和实践适用性的专项工具，并指出创业导向或创业态势均为企业层面产生的创业行为，且两者可进行相互交换。

2.1.3　家族企业与创业导向

创业导向的研究包括创业者个体层面和组织层面两个方面。基于创业者个体层面创业导向的研究主要从个体人口统计特征与个人特质两方面探讨其对创业导向的影响。就组织层面而言，创业导向及其维度在不同的组织环境中可能有所不同（Lumpkin and Dess，1996）。就其独特性而言，对家族企业开展创业导向分析（Nordqvist and Melin，2010），为分析某些环境（如宗教或家庭等制度逻辑）及组织特征（如 CEO 的战略条件和个人特征）提供了独特的背景。

虽然在创业研究文献中创业导向的研究历史已有 30 多年，但是对家族企业领域的创业导向研究直到 21 世纪初才开始（Zahra et al.，2004）。近年来，家族企业创业导向吸引了越来越多的学者关注（López - Fernández et al.，2016；Nordqvist and Melin，2010），形成了一个丰富、复杂但仍然零散的理论体系。

将家族企业研究与创业导向研究有机结合，能够为完善学术理论体系和专业学科发展提供帮助，因此需分别从理论层面和实证层面出发进行论证，在丰富理论文献的同时，也能为实践发展带来正面影响。从表 2-2 中可以看出家族企业研究和创业导向研究之间具有模糊性。

表 2-2　家族企业和创业导向研究中有分歧的结论

研究问题	支持方	不支持方
风险承担性	家族所有权和涉入程度与风险承担正相关（Zahra，2005）	家族企业比非家族企业更不愿意承担风险，风险承担与企业绩效负相关（Naldi et al.，2007）
	家族企业所有者比非家族企业所有者更愿意去承担更高水平的风险（Xiao et al.，2001）	家族企业不愿意承担创业方面的风险（Mustakallio et al.，2002）
	家族企业更愿意从事风险活动（Gomez-Mejia and Moyano-Fuentes，2007）	家族企业偏向风险更小的资本结构（McConaugby et al.，2001）
		家族企业厌恶风险而不愿意进行重大收购（Carney，2005）
先动性	没有发现案例支持继任者控制家族企业时他们的先动性更少（Martin and Lumpkin，2003）	—
创新性	活跃在家族企业里的辈次越多，企业越关注创新（Zahra，2005）	家族涉入与创新之间没有明显的相关性（Hadjimanolis，2000）
	家族企业拥有支持创新的文化（Upton et al.，2010）	家族主导和低企业创新齐头并进（Morck and Yeung，2003）
创业导向	创始人企业、家族财团企业和开放型家族企业的创业精神不同（Salvato，2004）	代际涉入对企业创业没有任何影响（Kellermanns and Eddleston，2006）
	第二代、第三代家族成员在培育创业导向方面发挥了重要作用（Corbetta et al.，2002）	家族企业与非家族企业在创业导向方面只有细微差别（Lumpkin and Sloat，2001）
	管理层家族成员越多，家族企业的创业导向越强，创业导向与企业成长正相关（Mustakallio et al.，2002）	家族企业关心财富保护，这可能会限制家族企业在公司创业上的投资（Carney，2005）
	对于创业导向五个维度来说，家族企业表现出与创业导向的一致性（Short et al.，2009）	家族后代的创业导向在减弱，家庭导向在增强（Martin and Lumpkin，2003）

资料来源：根据相关文献整理。

不少学者在研究过程中指出，风险承担性可以被视为家族企业经营发展的主要特征。例如，Aronoff 和 Ward（2001）结合多个案例分析认为，家族企业想要取得成功，需注重风险承担性维度建设。Zahar 等（2004）认为，家族企业普遍关注创新，在长期经营过程中愿意投入资源推动创新研发，并愿意承担其中的风险。Gomez-Mejia 和 Moyano-Fuentes（2007）从目的导向角度出发，认为家族企业较为愿意承担风险是因为其能增加家族财富。也有学者认为家族企业风险承担意愿较低。例如，Naldi 等（2007）认为，家族企业在经营管理中较少倾向于主动承担风险，企业风险承担意愿和绩效之间存在负向关系。Carney（2005）指出家族企业风险厌恶程度较高，因此较少开展重大收购活动。McConaugby 等（2001）认为，家族企业风险规避能力不强，所采用的资本结构对应风险较小。Lumpkin 和 Dess（2001）通过大量的样本对比认为，家族企业和非家族企业之间并无明显的风险承担差异。这些研究结论说明了当前的研究存有一定的模糊性，对家族企业是倾向于风险承担还是倾向于风险厌恶存在争议，创业导向模型维度也出现了二元性特征。

Salvato（2004）根据家族企业管理特征，将家族企业分成三种类型，即创业人中心企业、家族财团企业、开放型企业，随后结合数据统计和样本分析，采取检验预测因子的方式对创业导向进行了分析，认为主要的预测因子能够反映出家族企业经营者的行为风格、家族和企业之间的管理、企业内部的管理结构等，不同类型的家族企业对应的预测因子结果也并不相同，并指出可按照具体行业特征提高家族企业的经营管理效率，采用具有差异性的培育方式提升创新创业效果。

Kellermanns 和 Eddleston（2006）提出了与 Salvato（2004）相反的观点，认为代际涉入并不会对企业创业产生明显影响，并认为改革创新意识、技术认知度是影响企业创业意愿的主要因素，代际涉入仅在战略决策时才会显现出显著影响，同时指出家族企业需形成科学、长效的战略规划，仅凭借家族企业的资源较难推动企业创业。他们认为经营发展机会不仅来源于自身资源，也与组织领导团队的创业能力相关。资源管理同时也是创业活动开展的基础。Martin 和 Lumpkin（2003）对 900 多家家族企业进行了分析，认为相比于创业导向，创始人后代更关注家族导向。家族企业中的家族导向主要体现在管理权控制、风险厌恶、投资保守等方面，同时指出创业导向和家族导向存在相反性，在创业导向的维度中，无论是组织性、风险承担性，还是竞争性，其在创始人二代身上明显减少，而家族导向的影响力增强，意味着家族导向会对创始人二代创业导向造成消极影响。然而，Leenders 和 Waarts（2003）发现，家族导向并不一定都会约束创业导向，也可能会促进创业导向，为企业经营发展提供创业条件。Nordqvist 等（2013）采取深度定性法，对不同家族企业在跨代管理下的创业导向进行了分析，认为既可能存在创业导向，也可能存在家族导向。

Zahra（2005）认为，家族企业在长期经营过程中对于创业活动的关注度直接影响其创业导向的强弱，并指出创始人家族辈次越多，对创新的关注度也越高，可以为企业创新提供更多条件。Kellermanns 和 Eddleston（2006）的结论则与之相反，他们认为代际涉入会促进家族企业创业活动，特别是对创业导向维度中创新性较弱的企业具有明显影响。

2.1.4　家族企业创业导向的影响因素

整体而言，不同类型的企业所具有的创业导向特征并不相同，相应的影响因素也存在差异，因此需要通过特定环境和行业特征进行分析。学术界对家族企业创业导向的探讨较为深入，但由于研究角度、研究方向的差异，形成的观点存在一定争议。

在个体层面上，家族企业创业导向主要与企业创始人或经营者的经营风格、行业经验、年龄以及家族关系有直接影响。

Kellermanns 等（2010）认为，企业实际经营者对市场环境变化的认知度及对机遇的把握能力直接关乎企业进行的创业活动是否成功，且经营者从业经验的丰富程度也会对企业创业导向形成影响。Salvato（2004）认为，以创始人为中心的家族企业，其创业导向与创业主体在其他领域的经验往往存在正相关关系，但与本领域的经验并无显著关联；具有一定家族内联盟性质的家族企业，其创业主体业内经验越丰富，则创业积极性越低；兼有家族化特征和职业化管理模式的家族企业，经理人的管理经验并不会对企业创业产生明显的影响。

家族企业经理人年龄也会对创业产生一定影响，学术界结合时间分配理论对此开展了研究。例如，Levesque（2006）认为，经理人的创业积极性与年龄存在一定关联。年纪较轻的企业家通常较少墨守成规，期望获取新信息、新机遇以改变战略规划和业务方向，敢于向传统经营模式发起挑战，但随着年龄增长，这些企业家开始注重结合行业规范开展决策，风险承担能力逐渐下降，较少追求高风险战略。

Kellermanns 等（2008）支持"经理人的年龄越大，企业创业活动越少，但关联并不明显"的观点，认为随着家族企业创始人年龄的增长，他们会将更多的注意力用于如何完成企业传承，而非参与创业，换言之，他们对平稳传承的重视度高于企业创业，从而在创业行为方面的表现相对保守。

学术界对 CEO 与家族之间的关系紧密度对于家族企业创业的影响进行了分析，但形成的结论并不相同。Martin 和 Lumpkin（2003）认为，创始人二代在接管家族企业之后，往往更热衷于外聘职业经理人，这使得家族企业自主性下降。Zahra 和 Garvis（2000）以跨国家族企业为研究对象，认为在国际化推进过程中，如果 CEO 属于家族成员，则投资面临的风险压力较大。Kok 等（2006）认为，在家族企业中，先进的企业管理制度往往较难全面推广，因此企业组织创新能力较弱，这会对创业导向形成干扰。Gils 等（2008）综合运用多种研究方法指出，家族成员作为企业 CEO，一般并不倾向于进行组织创新，所实施的创新活动也较少。Miller 和 Breton-Miller（2011）指出，企业所有者的 CEO 身份影响创业导向，反过来影响企业业绩。具体而言，单独创始人的公司表现出更高的创业导向水平，并且绩效表现优于其他公司。作为家庭抚养者身份的创始人，受家族因素的影响，其创业导向会受到一定干扰。家族企业创始人展示了混合身份，他们的公司表现出中等水平的创业导向和绩效。

关于家族性层面因素对创业导向的影响，本书主要从家族涉入和家族导向两方面来阐述。

在家族涉入方面，Kellermanns 等（2008）结合前人的研究和自身的实地考察，指出家族企业存在数代人共同参与经营的情况，由于管理思维和经营风格不同，会对家族企业的资产操作、投资方向造成一定影响，家族中的年轻人更倾向于通过创新创业的方式推动企业发展。虽然家族企业的创建是基于创新理念的，但是创新动力往往会随着时间的推移逐渐消散，且在考虑如何传承的过程中，人们的思想会逐渐变得保守。Salvato（2004）指出，家族后辈逐渐参与企业管理，会激发企业创业热情，使企业创业环境得到改善，创新积极性也随之提高。他还认为，在家族企业发展过程中，若家族后辈不参与企业管理，则家族企业往往缺少新思维和新理念，仅基于创始人的个人观念较难作出创新。

Eddleston 和 Kellermanns（2007）结合管家理论认为，家族企业需要强调创新意识的培养，以推动家族企业在传承和发展过程中保持创新精神，并不断提高家族凝聚力。Zahra（2005）指出，在家族企业管理过程中，辈分低的家族成员参与越多，企业管理水平往往越高，且企业对创新创业的重视度也越高。他还认为，家族成员由于辈次不同，对应的从业经验、发展理念、观察问题的视角也不相同，因此家族年轻成员参与企业管理可以强化企业创新意识。Hoy（2006）指出，家族企业要实现长远发展，离不开创新创业思维的贯彻，通过创新的方式实现业务推广，并完成代际传承。Kellermanns 等（2008）认为，对于家族企业经营管理而言，采取跨代涉入的方式能够在企业中营造创新氛围，但对北美近百家中小家族企业跟踪分析后，他们并未察觉跨代涉入和企业创新之间存在明显关联。Salvato（2004）结合大量的研究案例认为，以创始人为核心的家族企业通常创新意识不足，而通过跨代参与的方式能够为企业创新带来正面影响，但在其他类型家族企业中并未得到证实。

在对家族导向进行研究时，不少学者认为在家族企业中家族和企业互为影响因素，同时家族关系更关注情感维系，企业管理则更注重理性经营，因此两者会形成一定冲突，并左右家族企业的最终决策。Uhlaner 等（2012）认为，家族导向具有一定的冲突性和传承性，家族辈次较多，越会推动家族企业创新发展。家族导向能够对企业经营管理造成影响，同时指出，将家族利益视作高于企业利益，会使家族企业决策权相对集中，往往直接由家族成员完成企业决策。换言之，在这些家族企业中，家族成员的地位较高，他们对企业的控制力较强，家族成员掌握绝大部分企业股份，同时家族以外的成员较难进入高管队伍中。

部分学者结合实证分析，探讨了在家族企业中家族导向和创业导向的差异。Martin 和 Lumpkin（2003）认为，随着时代发展，家族企业管理思维也在逐渐转变，不少家族成员在参与企业管理时的自豪感也逐渐提高，这使得家族年轻成员更注重企业创新，通过创业导向的方式为家族企业后续建设带来影响。然而，家族企业在权力传承、管理框架改变过程中，家族成员之间会由于战略理念、管理思维、利益分配、企业发展方向等方面存在争议而引发冲突，同时家族成员对应的角色定位、权力分配、激励等问题也会使家族企业内部管理陷入混乱。Martin 和Lumpkin（2003）综合多种研究方法认为，家族企业在传承阶段会出现权力变化，进而使企业竞争侵略性维度和自主性维度出现下降。Uhlaner等（2012）以荷兰的 32 家中小家族企业为研究对象，认为家族导向会对企业创新发展造成干扰，尽管干扰程度较小，但也会给企业提升创新能力带来间接影响，即家族导向较为明显的中小企业通常欠缺创新意识，且家族导向程度越高，其创新意识越薄弱。Gudmundson 等（2003）结合理论知识和实践经验认为，家族导向会制约家族企业创新，使家族企业减少对创新的投入，且家族导向程度越高，企业在战略规划中的创新理念越少，其实施差异化战略的倾向越低。

2.1.5　家族企业代际传承与创业导向研究

尽管家族涉入很容易衡量，但只考虑了一家公司是家族企业的最低必要条件（Pearson et al.，2008），并没有抓住家族企业的本质（Chrisman et al.，2005）。鉴于家族涉入提供了一个有限且在某种程度上不准确的解释（Zellweger et al.，2010），关于有家族涉入的企业如何以及为何影响其创业导向，有必要采用其他方法，以更深入地了解这种影响。

事实上，传承是家族企业研究中关注度较高的概念之一（Yu et al.，2012），也是任何家族企业必须面对并试图克服的最具挑战性的变革。然而，从现有文献来看，传承在很大程度上被家族企业和创业导向的研究所忽视（Nordqvist et al.，2013）。传承可以被理解为一位新进入的企业家和上一代企业家的退出及追求新商机有关（Nordqvist et al.，2013）。Zell-weger 和 Sieger（2012）解释说，代际变化有助于使企业的创业导向随着时间的推移而变得更加有效，突出了创业导向的动态性质，然而传承后企业家创业导向的建立问题尚未得到充分解决。从另一个角度来看，家族成长理论认为，因为家庭经历了不同的发展阶段，所以描述家庭变迁的过程为一项研究提供了可能的框架。企业内部创业导向的继承类型，可以通过成功的跨代创业实践项目数据进行研究，但是该项目几乎没有研究企业传承与创业导向（Charupongsopon and Puriwat，2017；Tripopsakul and Asa-vanant，2017）。

因此，本书以成功完成代际传承的家族企业及其继任者为研究对象，探讨代际传承对家族企业继任者创业导向的影响。

2.2　企业成长研究

2.2.1　企业成长理论

企业成长与经济建设、社会稳定存在关联，在学术界，企业成长问题一直受到国内外学者的关注。20 世纪中叶企业成长理论开始形成，随后在全球范围内得到推广。欧洲学者 Penrose 于 1959 年出版的《企业成长理论》（*The Theory Growth of the Firm*）一书中提出了企业成长理论的概念，随后学术界对该理论进行了进一步的分析和探讨，逐渐形成了以资源、能力和知识为视角的企业成长理论。

2.2.1.1　基于资源的视角

Penrose（1959）认为，企业的业务能力提升和成长发展与其资源配置存在直接关联，指出可以将企业视为由各项资源联合组成的综合体。企业出现差异的主要原因是资源差异，特别是独特资源、稀缺资源存在差异，可以长时间拥有足够资源的企业能够在市场竞争中占据主动地位，并推动企业快速发展。随后进一步研究指出，企业竞争力的提升离不开资源优化配置，这也是企业保持自身独特性的基础。Wernerfelt（1984）基于 Penrose 的研究结论提出了"资源基础观念"，认为从本质上而言企业是有形资源与无形资源的有机集合体，指出企业需要重视如何提高资源利用效率。企业如果可以全面发挥资源优势，在市场竞争中规避资源劣势，则可以提升盈利水平，进而实现稳步发展，同时也指出企业所处的外部环境，如行业竞争程度、市场机遇、宏观政策等，也会对企业资源配置形成影响，但总体而言，企业是否拥有高附加值资源、稀缺资源和难以复制的资源，是其能否实现成长的关键。由此可见，企业成长的过程也是资源整合、利用和增值的过程。基于资源的企业成长理论能够从资源角度阐述企业如何成长，但其过于突出资源给企业成长带来的影响，对其他因素有所忽视。

2.2.1.2 基于能力的视角

与 Penrose（1959）强调资源对于企业成长的重要性不同，基于能力的企业成长理论将企业视为一个能力的集合体，认为企业的竞争优势源自企业拥有的核心能力（Core Competence）或动态能力。核心能力的概念最早是由美国学者 Prahalad 和 Hamel（1990）提出的，是指企业所特有的、能够经得起时间考验的、具有延展性、竞争对手难以模仿的技术或能力。Prahalad 和 Hamel（1990）进一步指出，企业的长期竞争优势是企业综合各方面能力的结果，是资源、技术和不同技能的有机结合。Lawson（1996）采用多种研究方法，认为随着时间推移，企业成长理论也得到了一定改变，且由于市场环境处在不断变化的过程中，企业需要通过动态的方式提高环境匹配度，因此企业在某阶段能够凭借核心能力获得竞争优势，但并不一定具有长久性，若企业核心能力出现惰性，会造成企业市场竞争力下降，进而在行业竞争中处于被动地位。Teece 等（1997）在前人研究的基础上，对企业动态能力作出分析，形成与动态能力有关的研究框架，并将其定位为企业在生产、经营、管理各环节中具备的有效快速适应外部环境的能力，随后结合实证分析指出，企业需要努力保持自身动态能力，主动获悉外部环境变化，提高自身应对能力，进而在市场上获得竞争优势。基于能力的企业成长理论不仅认知到企业成长的关键在于能力建设，而且指出核心能力和动态能力是企业成长最重要的能力，指出企业在时代发展和市场供需关系变化过程中，需培养和保持自身核心能力，提高自身动态能力，通过创新创造提高市场竞争力。

2.2.1.3 基于知识的视角

企业成长理论指出企业成长的关键在于"独特资源",而基于知识的企业成长理论认为企业的"独特资源"为知识。Barney（1996）认为,企业所拥有的稀缺知识和难以复制的知识是其稳步发展的基础,并指出企业需要提高对价值性知识的重视程度,从而使企业可以凭借知识优势在市场竞争中占据主动地位。刘亚军等（2008）结合现有知识理论和学术界已有观点指出,知识是企业最关键的资源,是企业生存和发展的基础,认为企业需要重视企业成长过程中的知识运用,企业知识不仅包括难以被复制的、具有稀缺性的知识,还包括知识认知、知识运用、知识联系的能力,该能力直接决定企业资源利用、能力整合、知识运用的效果,与企业经营管理质量紧密相关,同时也关乎企业在行业中的地位。

2.2.2 家族企业成长研究

家族企业是长期存在的商业经济组织,同时也是全球范围内普遍存在的企业形式。国内外学术界对家族企业的相关研究较为关注,长期将家族企业成长问题作为研究重点。本节对当前学术界关于家族企业成长研究的学术文献作出整理,并分别从演化路径与成长影响因素两个角度进行分析。

2.2.2.1 演化路径

国内外研究人员在对家族企业进行研究时,较为关注企业在经营发展中的演进变化。不少学者从组织演进视角出发对家族企业在成长过程中的路径进行分析,钱德勒（1987）在《看得见的手：美国企业的管理革命》（*The Visible Hand：The Managerial Revolution in American Business*）一书中根据全球家族企业经营发展动向,认为具有古典式特征的家族企业在建设管理中,逐步由传统组织转变为具有时代性、社会性特征的现代企业,并逐步引入先进的管理制度。Gersick（1998）指出,家族企业在成长过程中,家族、家族成员和企业管理者三者之间存在相互影响的关系,并根据企业发展动向将企业分成初创阶段、扩展阶段和成熟阶段。国外学术界以组织演进需要为切入点，形成了两条家族企业成长路径，即家族企业以公司化或网络化的方式实现长期发展目标。

随着时间的推移，大多数企业呈现出公司化特征，将公司化作为企业成长的主要方式，同时在家族企业成长路径建设过程中，国外研究人员认为家族企业需关注资本市场信息变化，采取积极对策以提高社会信任度。大部分国外研究文献认为，资本市场发展直接影响家族企业组织演进，认为资本市场环境变化关乎家族企业管理制度的完善，且资本市场机制越完善，家族企业两权分离的可能性就越大，传统家族企业将逐渐转变为现代家族企业，或通过外聘专业经理人的方式降低家族成员在企业中的影响力。Gzucker（1986）分析了社会信任对家族企业成长的影响，指出宏观政策、社会体制、专业资质、市场规章、法规条文等均能够影响社会信任资源开发、积累和配置，这也对家族企业全面演变造成了影响，进而使越来越多的家族企业成为现代管理模式企业。Francis（1996）认为，国家社会信任度直接关乎家族企业组织演进效率，结合实证分析和数据对比，指出社会信任度高，家族企业更倾向于转变管理制度。

国内研究人员分别从我国国情、文化、社会资源、市场环境等视角出发对家族企业成长进行了分析，认为家族企业公司化是现阶段的主要趋势。陈凌（1998）结合文化差异认为，家族企业在公司化过程中需关注企业文化建设，以家族网络模式作为企业治理模式符合我国的文化理念。李新春（2002）认为，我国家族企业中的私人信任程度较高。也就是说，在家族企业中存在明显的私人信任，因此家族企业在整体规模较小时合作效果较为出色，但随着企业发展壮大，仅凭借私人信任难以应对企业管理问题，从而对企业后续发展造成影响。储小平和李怀祖（2003）对中国家族企业和美国家族企业的演变过程进行了对比，认为信任观念不同是两国家族企业演变出现差异的主要原因，我国家族企业的家族信任度较高，同时也存在泛家族信任和社会信任，泛家族信任是我国社会的独有现象，能够为家族企业长期发展带来帮助，并结合信任层次分析了家族企业成长的影响因素。宋冬林等（2007）基于文化基因信任指出，我国家族企业在内部管理的过程中受血缘关系的影响较大，转变血缘信任理念有助于促进我国家族企业国际化发展，使更多优秀人才参与到企业建设中。吴松强等（2008）认为，家族企业可能会存在一定的内部信任问题，这也是制约家族企业稳定发展的主要因素，并认为家族企业要改善信任关系离不开构建内部信任框架，进而提出了与家族企业发展相适应的信任机制。刘少红（2012）指出，在家族企业中，家族信任和企业信任存在一定的冲突，两者具有相互影响、相互制约的关系。同时认为，在家族企业的发展中，家族信任远胜于企业信任，但随着家族企业的发展，企业信任将逐渐超过家族信任，并为企业进一步发展提供驱动力。郑飞虎等（2015）认为，我国家族企业在成立之后往往面临资源问题，在发展过程中资源也从开始阶段的自主获取转变为市场融合，因此家族企业信任机制也逐渐发生了一定的变化。改善能力资源结构、强调层次信任是新经济形势下家族企业避免分歧、减少争议、提高委托代理有效性的主要方式，同时也是各项资源实现融合的内在机理。徐光毅（2016）认为，我国家族企业的基本理念是家族主义信任，信任水平的高低将决定企业能否有效地融合社会资本，进而影响能否实现企业健康成长。在家族企业创业初期，家族主义信任对最小化委托代理成本、合理配置资源、发挥家族成员积极性等方面具有重要影响，但随着时间的推移和企业经营规模的壮大，家族信任存在的局限性造成企业在融资、人才引进过程中受到约束，导致企业发展出现困境。由此可见，家族企业成长的关键是将家族主义信任扩展为社会信任，并有效地融合人力资本、金融资本等各种资本。

我国学术界对企业成长问题的相关研究也同样包括对职业经理人与家族成员之间的关系、职业经理人制度完善和家族企业管理体系健全之间的联系进行分析，这主要是由于相比于西方国家，我国职业经理人市场尚不完善。不少学者指出，国内家族企业公司化进程较为缓慢的主要原因是职业经理人较少。储小平（2000）指出，我国家族企业在规模壮大之后，对优秀人才的需求也随之增加，但当前国内职业经理人市场不完善、资源优化配置能力不足，造成家族企业较难获得合适的职业经理人。张维迎（2003）指出，我国家族企业在公司化进程中面临着职业经理人数量较少、综合素质不高的问题，且市场上职业经理人职业规范也有待完善。李新春（2002）提出，我国职业经理人市场相对落后是家族企业难以有效实现两权分离的主要原因，传统家族企业在经营管理中，只能由家族成员与职业经理人共同掌握企业权力。

部分学者指出，网络化也可以视为家族企业实现成长的一种主要路径。积极推进网络化可以为家族企业绩效提升、业务推广和市场开拓带来推动力，且网络化可以根据社会关系变化或市场供需改变作出一定的转变。探讨家族企业成长路径需注重网络化演进，国外学术界通常以社会文化为切入点，对家族企业如何实现网络化演进进行分析，Hamilton（1988）通过分析国家和地区之间的历史文化发展差异，认为家族企业网络关系是华人家族企业成长的基础，并可以按照企业形式、企业发展阶段以及人力资源配比作出调整。Redding（1993）对我国台湾地区、香港地区的家族企业和东南亚地区的华人家族企业进行了分析，指出尽管这些家族企业的规模普遍较小，但是企业内部稳定性较好，网络关系较为紧密。

国内学术界对家族企业网络化建设的研究开始得较晚。胡军等（2003）指出，家族企业积极推进网络化，能够提高企业业务发展能力，并有效实现分工协作，进而展现出规模化优势。陈凌等（2006）指出，具有网络关系的企业可以提升分工协作效率，促进企业之间知识交流，在有效的资源互补基础上实现稳定成长。周立新（2009）认为，家族企业在成长过程中会面临不少困难和风险，而网络化演进能够提高家族企业应对困难和风险的能力，为家族企业的快速发展创造合作与交流的平台。刘莉（2009）以多个家族企业为研究对象，认为家族企业在网络化建设过程中应强化创业意识，注重在创业发展中获得更多资源和机遇，但家族企业绩效也会随着时间的推移而逐渐降低，这就需要采用网络化方式改善企业内部治理效果。李树玲等（2015）从企业能力角度出发，指出网络化是完善家族企业的方式，可以使家族企业提高自身的经营管理能力，并认为管理结构优化和创新意识增强可以提高家族企业的核心竞争力。

总体而言，家族企业成长可以分为公司化、网络化两条路径，其中在公司化演进过程中需注重优化企业内部管理结构、完善资本市场和寻找合适的职业经理人；在网络化演进过程中需强调家族企业网络关系建设，通过资源整合、能力提升等方式，在提高企业业务水平的同时，使经营管理成本明显下降。因此，无论家族企业在成长中如何演进，均与资源、管理结构、外部环境存在关联，并在绩效、业务规模、获利能力等方面得以体现。

2.2.2.2　成长影响因素

成长要素是衡量家族企业成长程度的主要指标。王世权（2008）提出，家族企业在企业权力分配、管理决策、继任传承、利益处理等方面具备一定特征，意味着家族企业在成长过程中会面临一些共性问题，如企业规模化发展、资源协调、组织结构扩大、市场竞争等，但同时也会有企业单独存在的问题。储小平和李怀祖（2003）通过分析多个地区的家族企业指出，家族企业成长实则是家族企业不断获取和融合社会资源的过程，包括资金增多、组织结构优化、业务收入增加、市场影响力增强等。

对于家族企业来说，资金增多意味着家族企业能够打破企业对内源融资过于依赖的约束，采取持续吸收外来资本的方式，助推企业进一步发展。组织结构优化表明家族企业开始基于委托—代理理论，外聘职业经理参与企业管理和发展，使企业人力资源得以优化。业务收入增加和市场影响力增强，意味着家族企业逐渐提高外来资源结合能力，主动应对市场环境变化，在市场中形成企业联盟，提高上下游产业链价值，使企业核心竞争力得以提高。陈凌等（2006）指出，我国家族企业在成长过程中对企业经营规模、利润获取较为关注，但对企业可以体现出企业竞争力的指标相对忽视，对分工合作、内部管理制度、风险控制能力和业内交流等关注减少。

从企业成长角度来看，家族企业不断成长离不开企业内外部因素的共同作用。Penrose（1959）指出，企业成长由其内在因素直接决定，企业提高自身资源利用程度、改进内部管理效果，则可以实现成长目标。Storey（1994）经过长期研究指出，家族企业获得成长需要从企业家、企业、战略管理三个方面共同推动，其中企业家因素主要包括创业能力、创业动机、管理经验等，企业因素主要包括产业特征、企业区位优势、企业资源等，战略管理因素主要包括目标市场细分、市场定位等，并认为这些因素需要保持合适结合才可以有效促进企业成长，若部分因素存在约束或配合并不合适，会导致企业难以实现成长目标，甚至产生一定衰退。

国内学术界对企业成长要素的研究主要以资源和能力作为切入点，认为企业家的能力强弱直接关乎企业成长。熊毅（2004）指出，企业家能力能够影响企业成长，若企业家能力较强，则可以使家族企业获得较长时间的成长，否则会影响企业成长。李先耀（2013）认为，由默会知识、社会关系和企业家精神等组成的特异资源是影响家族企业传承机制和成长发展的深层次因素。周鸿勇（2014）认为，实现家族企业可持续成长的关键是谋求企业家能力供需平衡或供给"剩余"。

综上所述，学术界对于家族企业成长的评价方式以及相关影响因素认定并未统一，研究方向和采取的研究理论不同，造成选择的评价指标也存在差异。学术界对影响家族企业成长的各项因素进行分类，进而将家族企业分成内生成长企业与外生成长企业，其中大多数学者支持内生成长企业的论断，如 Penrose、熊彼特等。企业家能力和创业精神也是影响企业成长的内在决定性因素。

2.2.3 家族企业跨代成长研究

国内外学术界对家族企业与创业进行整体研究的时间较短，不少学者在研究中发现创业与家族企业发展存在直接关联，而对于家族企业的相关研究则需要结合信任、控制和战略发展来看。Habbershon 和 Pistrui（2002）认为家族创业目标通常存在一定特殊性，即不仅关注如何提升企业价值，也注重家族财富增加。由此可见，家族创业无论是创业过程还是创业结果，都存在独特性，特别在跨代创业时更为明显，这表明对家族创业进行研究具有重要意义。

就家族跨代传承角度而言，以往对于家族企业的研究主要关注权力分配与转移（Xu et al. , 2015；赵晶等，2015；余向前等，2013；魏春燕、陈磊，2015）。然而，关于家族企业传承之后对于企业绩效影响的研究也取得了不同的成果。Bennedsen 等（2007）通过数据分析和逻辑论证，指出家族传承往往会对家族企业业绩提高带来消极影响。Bertrand 等（2008）以泰国的家族企业为研究对象，指出在家族传承过程中，往往会出现后代冲突，并对家族企业整体建设造成影响。Mehrotra 等（2013）将日本的家族企业作为研究案例，通过对比分析，指出养子接班比后代子孙接班更有利于家族企业的发展。Fan 等（2012）指出，资本市场中的家族企业在完成传承之后，财务报告质量通常会得到明显改善，这意味着企业的财务管理能力得到了提升。

从家族企业成长史来看，成功完成控制权和所有权转移的家族企业并非一定能实现长久生存，这主要是由于部分家族企业后代在继承过程中较为被动，同时缺乏足够的创业精神，使得家族企业在白热化的市场竞争中处于劣势地位。此外，上辈领导者的创业精神的传承不仅仅体现在控制权和所有权的转移过程中，更重要的是在战略规划、管理决策、资源配置等过程中突出创业精神的延续。陈文婷（2013）指出，无论是保守继承还是跨代创业，家族企业在传承过程中都需要强调创业精神内涵，将"继续创业"作为企业成长的方向。

总体而言，在家族企业成长过程中，需重新衡量家族后代的创业能力，在培养家族后代时，不仅需要使其能够成为一名出色的经理人，也需要将其打造为具有时代精神的创新者。

2.2.4　创业导向与家族企业跨代成长研究

首先，企业绩效和企业成长是创业导向研究中常用的术语（Gupta and Wales，2017）。创业导向与企业绩效的相关文献表明，家族企业的创业导向水平较低（Garcés-Galdeano et al.，2016），且创业导向为单一维度时，家族企业创业的积极性较高，并给企业绩效的提升带来明显影响（Schepers et al.，2014）。然而，当使用相同的测量方法来比较家族企业和非家族企业时，结果是不一致的。因此，一些学者发现，这两种类型企业的创业导向与企业绩效之间并没有差异（Campbell and Park，2016），或者只有单一的公司才有所不同（Miller and Breton-Miller，2011）。有的人认为创业导向仅影响非家族企业绩效（Madison et al.，2014），或者仅影响家族企业绩效（Lee and Chu，2017）。

当创业导向被解构为多维度时，创业导向要求家族企业在各维度上均有所加强，通过资源补充和高效利用，提升企业在市场中的竞争优势。风险承担性（最受关注的维度）对家族企业绩效的影响是负面的（Naldi et al.，2007）或者是不显著的（Stenholm et al.，2016）；先动性和创新性对家族企业绩效产生很大的积极影响（Casillas et al.，2010）；积极竞争性对企业绩效影响的相关研究则非常少，总体而言，该维度与家族企业绩效提升的关系并不明显（Akhtar et al.，2015；Casillas et al.，2010；

Kallmuenzer et al.，2018）。在自主性方面，Casillas 和 Moreno（2010）并未发现自主性对家族企业成长有重大影响。然而，Akhtar 等（2015）和 Kallmuenzer 等（2018）的研究都确定了自主性对绩效的积极影响。Nordqvist 等（2013）提出自主性对于家族企业而言比其他维度（如冒险）更重要，这实际上是最相关的创业导向维度。

其次，家族和企业的相互作用导致了家族企业目标设定具有独特而复杂的背景（Kotlar and Massis，2013），其中以家族为导向的目标发挥了相关作用，其与创业导向的联系尚未引起足够重视。虽然非家族企业必须关注不同的经济目标和非经济目标以满足其利益相关者，但是家庭作为家族企业主导联盟的存在导致了以家庭为导向的目标的出现（Chrisman and Patel，2012；Kotlar and Massis，2013）。以家庭为导向的目标主要包括维护家庭文化、凝聚力和幸福感、公司的生存、将公司控制在家庭手中、组织的良好声誉、成员的工作和生活方式等（Block and Wagner，2014；Gomez-Mejia and Moyano-Fuentes，2007；Revilla et al.，2016；Zellweger et al.，2013）。然而，在现有文献中，关注创业导向和家族成长目标之间关联的文献并不多见。Irava 和 Moores（2010）提出"追求创业导向可以同时帮助家族企业实现其非财务目标"，其中包括以家庭为导向的目标。同样地，Revilla 等（2016）利用经验证据表明创业导向缓和了家庭涉入与企业失败风险之间的负相关关系。Kallmuenzer 等（2018）只发现家庭目标负向调节冒险性与绩效的关系。

在国内的研究中，周立新（2018）对 8 个省级行政区的家族企业进行了问卷调查，并结合一致性检验指出，家族企业创业导向能够为企业后续发展带来正向影响。刘小元等（2017）以华北地区的 400 多家新创家族企业为研究对象，通过样本分析，探讨了创业导向与家族企业成长之间的关系，指出创业导向能够促进新创家族企业未来的发展。从创业导向维度来看，只有前瞻性维度和新创家族企业成长呈显著的正向关系；家族涉入负向调节创新性维度、风险承担性维度与新创家族企业成长的关系；代吉林等（2015）通过对 181 份家族企业问卷进行分析，并结合实地访谈，指出创业导向可以和家族成长有效性以及企业成长绩效形成倒"U"形关系。

2.3　社会情感财富研究

2.3.1　社会情感财富的概念

以往研究认为，家族企业管理决策有别于非家族企业（Gomez-Mejia et al.，2011）。学者们提出了一系列的范式来研究家族企业特有的问题。这些范式大多借鉴如金融经济、战略管理等相关理论，具体涉及委托—代理理论、社会学理论、利益相关者理论、经济学理论、成长学理论等，但大多数理论在形成和发展过程中较为关注宏观环境，研究对象主要为大型企业，而这些企业往往所有权较分散、内部管理制度较完善，并不具备家族企业所具有的独特性，相应的理论前提、论断假设与家族企业经营发展并不符合，如果强制用借来的逻辑去解释家族企业行为，容易造成实证矛盾，出现理论冲突或理论盲点。学术界在研究过程中，需要以家族企业为对象作出具有特有性和时代性特征的整体研究，或营造符合家族企业经营管理的情境，从实践视角进行探讨。在长期的研究中，学术界也形成了一些受广泛认可、得到全面推广的观点，如 Gomez-Mejia 和 Moyano-Fuentes（2007）所提出的社会情感财富框架。

Gomez-Mejia 和 Moyano-Fuentes（2007）将家族从企业取得的满足自身情感需要的非经济收益统称为社会情感财富（Socioemotional Wealth）。家族成员管理企业不是为了财务回报的最大化，而是为了保持或增加社会情感财富（Gomez-Mejia et al.，2011）。Berrone 等（2014）认为，社会情感财富可能将家族企业与其他企业区分开来，并且可能最终构成家族企业新兴理论中的一个关键组成部分。

2.3.2　家族社会情感财富对企业行为的影响研究

Gomez-Mejia 团队在研究中找到了明确证据，即企业在面临社会情感财富损失时，整个家族会采取风险经济活动的方式留存社会情感财富，这也是家族企业应对风险的一种方式。在研究中，他们以家族橄榄油磨坊为研究对象，认为家族磨坊并不热衷于进行联盟，而更愿意独立经营，尽管加入合作社可以使家族磨坊获得更多发展机会，对应的风险压力也得到减轻。Gomez-Mejia（2008）经过样本分析指出，家族控制企业在选择董事会成员的过程中，较少聘请外来管理人员，这使得董事会的独立性不足，在管理决策中容易出现偏差。Berrone 等（2010）指出家族企业高管团队为家族成员时，企业在发展过程中更注重如何保护家族利益。

也有学者研究了家族企业在社会情感财富利用过程中会如何影响企业战略决策。Gomez-Mejia 等（2010）认为，家族企业业务多元化进展缓慢，这主要是由于多元化会使高管团队中出现更多非家族成员，导致家族成员对企业的控制力下降，进而造成家族对应的社会情感财富下降。Sir-mon 等（2011）指出，高新技术企业也较少倾向于进行多样化决策，以避免社会情感财富的丧失，因为多元化决策不可避免需要进行分权，它通常会迫使家族将一部分所有权割让给非家族的冒险资本家或者制度投资者，由非家族成员分割利益。

Berrone 等（2010）指出，在高污染、高能耗领域中，家族企业期望能够减少污染以提升企业正面形象，进而使家族社会情感财富得到保护，特别是当企业建设在本地时，他们更为关注企业形象塑造。陈凌和陈华丽（2014）、陈志军（2015）指出，家族社会情感财富会使家族企业积极承担社会责任，如通过公益性捐赠的方式提高自身知名度。以社会情感财富为研究视角的实证分析逐渐增多，Zellweger 等（2011）结合瑞典、德国等家族企业的相关信息认为，家族企业在实施跨代控制时，在对外出售时往往标出较高价格。Miller 等（2012）认为，家族企业在生产经营管理中，始终关注社会情感财富，并将其作为战略目标之一，同时指出家族成员参与管理控制的力度越大，企业出现战略一致性的概率也越大。家族介入会影响外来人员利益，这也是社会情感财富保护的一种方式。Zellweger 等（2011）指出，从整体角度而言，社会情感财富理论的本质内涵和逻辑方向与行为代理理论基本一致，家族企业对于社会情感财富的保护非常重视。严若森（2014）认为，家族企业较为关注所有权控制，若所有权分散，企业研发投入的资源也会随之减少。

2.4　文献评述

本章对所要表述的理论内容、关键要素作出整体分析，通过以上的文献梳理形成了以下基本判断：

第一，创业导向相关研究方面。企业家与企业成长存在直接关联，企业实现传承首先是企业家之间形成传承，家族企业的传承更多的是一种企业家创业精神的传承。家族企业创业导向的研究应更加关注企业家个体层面的创业导向。然而，目前家族企业成功传承后企业家创业导向的构建尚未得到充分重视。这也为研究继任者创业导向提供了机会。

第二，家族企业成长相关研究方面。首先，家族和企业的相互作用导致了家族企业目标设定具有独特而复杂的背景，其中以家族为导向的目标发挥了相关作用，而其与创业导向的联系的研究较为薄弱。现有文献中，往往以企业成长目标代替家族企业成长目标，创业导向和家族企业成长目标之间可能存在关联的研究很少。其次，创业导向无论是作为单一维度还是多维度的建构，其对企业成长影响关系的研究仍然存在分歧。最后，家族企业传承之后对于企业成长影响的研究也得到了不同的结果。这些都为研究继任者创业导向与家族企业成长关系提供了可能。

第三，社会情感财富相关研究方面。关于社会情感财富维度划分，从发展角度而言，Gomez-Mejia 的三维度划分法相对粗放，而 Berrone 提出的五维度划分法能够更充分地展现出社会情感财富本质，同时得到了较多研究人员的认可。尽管如此，仍有不少研究人员存在一定的质疑。朱沆等（2012）认为，Berrone 的划分仍存在模糊的地方，如未能将存在明显不同的维度——来源维度和结果维度作出进一步区分，使得这两个维度出现划分重叠和划分盲点。此外，多维度在发展过程中容易出现交叉，如企业认同和情感依恋之间存在明显交叉。目前，学术界普遍将家族企业在经营管理中如何保留社会情感财富视为决策的主要参考点，进而对企业管理和战略规划产生影响。然而，社会情感财富对应的不同维度对企业战略决策的影响有着怎样的不同尚存在分歧。

第❸章
中国家族企业发展历程及跨代成长面临的挑战

3.1 法律和政策环境的变化及（民营）家族企业的发展

3.1.1 法律和政策环境的变化

3.1.1.1 计划生育政策

中华人民共和国成立之初，我国主要实行集体劳动制度，鼓励妇女多生多育，到20世纪70年代我国人口已增至10亿左右，但是在国家经济不发达的情况下，为了解决庞大的人口和资源匮乏之间的矛盾，我国制定了计划生育这一政策来控制人口数量。这项政策不仅影响了我国家庭结构变迁，而且使家族企业的传承也发生了变化。伴随着我国经济高速发展而成长起来的家族企业正处于代际传承的关键时期，而独生子女的家庭结构迫使他们所采用的家族企业传承方式也不同，对于只生育了一个孩子的企业主来说，家族企业基本都会传给唯一的子女，但独生子女对家族企业不感兴趣的风险也会增大；由于没有兄弟姐妹的竞争，企业主对他们的培养也主要是在企业内部，没有面对家族企业财产竞夺的压力，对外界风险的了解程度也较为有限，其自身能力可能不足以应对家族企业产生的各种风险，进而企业的创新和竞争力减弱，企业的发展和存亡也面临挑战。计划生育在一定程度上也增大了这种单传模式的发生概率。然而，随着 2016 年两孩政策的实施，部分企业家由于家庭关系的变化选择生育二胎，这对之前是独生子女的企业继承者们造成了一定的竞争压力，可能会面临着兄弟姐妹的财产分配以及家族产业继承权归属等一系列问题。计划生育政策的实施对企业主子女数量及传承结果都产生了重大影响，只有尽早制定传承规划、提升继承人实践管理能力，才是家族企业长久发展的根本之道。

3.1.1.2　改革开放政策

在中华人民共和国成立后的较长一段时期内，国家实行的是计划经济体制。党的十一届三中全会后，正式实施改革开放政策。历经四十多年的风雨，目前我国已经成为世界第二大经济体。从公有制企业一枝独秀，到乡镇企业异军突起、民营企业初露萌芽，再到各种所有制企业百花齐放、千帆竞发，家族企业在这场声势浩荡的制度改革中焕然新生，已经成为推动中国经济持续、稳定发展的重要力量。在改革开放初期，民营企业崭露头角，"个体户""暴发户"是那个时代企业家的代名词，是第一批下海"吃螃蟹的人"。由于初期政策的不确定性，这批商人的际遇亦随之产生波动。在改革开放中期，家族企业得到了迅猛发展。随着政策的不断完善与推行，家族企业在这一时期不间断地扩张与发展，已经成为国民经济不可忽视的一部分，新的经济格局已经形成。虽然我国家族企业群体在改革开放过程中孕育、成长并壮大起来，但是面对政策的不确定性，我国家族企业也在考虑如何在变局中寻找确定性，实现家族资产与家族企业的保护与传承，实现家族的自我治理。

3.1.1.3　固定资产加速折旧政策

固定资产加速折旧是指政府为鼓励特定企业或部门的投资，允许纳税人在固定资产投入使用初期提取较多的折旧，以提前收回投资，虽然这并不能减轻纳税人的税负，但是可以使纳税时间延长。加速折旧政策始于二战期间的西方国家，我国加速折旧政策由于受到经济发展的限制等，起步较晚，20 世纪 90 年代至 21 世纪初，我国固定资产加速折旧政策处于尝试阶段，至 2010 年前后，固定资产加速折旧政策初步形成。自 2014 年起，我国开始进一步扩大固定资产加速折旧政策覆盖范围，为企业减少了不少负担。截至 2019 年，我国加速折旧政策已经全面推广。正是由于国家一直坚持推行和完善固定资产加速折旧策略，企业纳税时间得到了延缓，缴税金额也间接减少了，企业便更积极地进行固定资产投资、更新技术设备，提质增效，大量家族企业也在这些政策推行过程中得到了实惠，企业发展迎来了春天。加速折旧新政策能为民营企业在创业初期带来实质性的减负（陈文铭、徐晨阳，2015），这有利于推进民营家族企业的经济发展。

3.1.1.4 《中华人民共和国民法典》的颁布

《中华人民共和国民法典》（以下简称《民法典》）于 2021 年 1 月 1 日起施行，在该法典颁布之前，企业继承主要是靠企业相关法律以及道德约束等来保障，由于部分继承人没有继承意愿或者能力，家族企业在传承方面往往会面临很多问题。《民法典》被称为"社会生活的百科全书"。顺应时代发展和借鉴国际经验，《民法典》首次推出了遗产管理人制度。此外，《民法典》首次从法律层面明确遗嘱信托法律关系，并与遗产管理人制度相衔接。这一跨时代的变化给家族财富管理与传承带来前所未有的机遇与挑战。根据《民法典》第一千一百四十七条规定遗产管理人应当履行下列职责："（一）清理遗产并制作遗产清单；（二）向继承人报告遗产情况；（三）采取必要措施防止遗产毁损、灭失；（四）处理被继承人的债权债务；（五）按照遗嘱或者依照法律规定分割遗产；（六）实施与管理遗产有关的其他必要行为。"运行有效的遗产管理人制度，有助于减少继承人之间的遗产纠纷，提高债务偿还的效率，切实保障第三方债权人的利益，同时也有助于遗嘱的执行、财产的转入和遗嘱信托的设立。《民法典》还确立了遗嘱监护的原则，即作为监护人的父母，可以通过遗嘱为被监护人指定监护人。在这种情况下，委托人可以考虑综合采用各种传承工具，通过涉及"钱+人+房"的综合安排，保障家族企业弱势亲属的利益。此外，《民法典》对家族企业的家风也有涉及。在家族财富管理的实践中，企业主也要遵循法律导向，引导后代树立积极正确的人生观与价值观，提早制订合理的传承以及培育计划，对于家族中弱势群体也要充分考虑周全。家族企业财富的保有不仅要经受市场的冲击，还要经受法律的考验。

3.1.2　（民营）家族企业的发展及其现状

家族企业的发展是一个从无到有再到逐渐壮大的过程，在这期间可能不断变化、融合以及壮大或者淘汰。总体上看，我国（民营）家族企业的发展主要经历以下四个发展阶段：

3.1.2.1　形成时期

中国家族企业真正形成始于 1978 年，这一时期我国家族企业慢慢地孕育出雏形，在不断地探索与实践中前行，虽然发展缓慢，也未能为国家经济发展贡献较大力量，但是却为后来家族企业的蓬勃发展奠定了良好和坚实的基础。党的十一届三中全会以来，（民营）家族企业得到了国家的重视，涉及的产业面也逐渐广泛。现今很多家族企业都是从那个年代的玻璃厂、豆腐坊、养猪场起步的，这是家族企业财富的原始累积时期，企业家个人完全控制企业并承担企业风险。

3.1.2.2　成长时期

成长阶段始于邓小平的南方谈话之后。这一时期由于领导人及国家的大力支持，选择经济特区实行进一步开放，沿海城市一大批下海经商的企业家开始涌现，民营企业数量骤增，不仅分布规模较大，而且覆盖范围也很广，涉及各行各业。此时，很多家族企业已经初具规模，积极改革，从作坊逐渐向专业化、流程化转变。家庭成员参与企业经营程度也进一步扩大，逐步发展成家庭企业。

3.1.2.3　成熟时期

2001 年加入世贸组织后我国家族企业的发展开始进入成熟期，家族企业不仅可以进行国内贸易，还可以进一步参与到世界经济竞争浪潮中来。国际和国内的双重融资，使得家族企业的发展拥有了更加多元化、自由化的选择。这一时期不仅加速了企业结构的调整，也向全国家族企业打开了世界经贸之窗，其企业经营管理参与的人员也不仅局限于直系亲属，以血缘关系为纽带的其他家族成员也陆续参与到企业的日常经营活动中来，逐渐形成家族企业。

3.1.2.4　发展现状

第一，从经济贡献度来看，2019 年发布的《中国家族企业生态 40 年》提到，中国的家族企业在民营企业中的比重已达到 80%。2019 年，我国民营企业在世界 500 强企业中的数量已有 38 家，在我国非公有制经济成分中，家族企业占市场经济的比例超过了 90%，现在家族企业确实已经成为我国私营经济的生力军。第二，从覆盖范围来看，我国家族企业业务范围非常广泛，不仅包括工业、制造业等，服务业、房地产业等也有涉猎。第三，从分布的区域来看，家族企业主要分布在江浙一带，尤其是广东和浙江两省的家族企业数量在全国家族企业数量中所占的比例接近 50%，这也与初期的资本积累以及经济政策、区位优势有着密不可分的联系。第四，从企业规模来看，我国家族企业多数规模小、利润率高，这种小模式也使企业发展更加灵活。第五，从企业成员分布来看，目前中国家族企业已经以各种关系及熟人圈子为途径引进相关人员加入家族企业，形成一个庞大的家族企业群系。第六，从继承模式来看，子承父业、女承父业已成为家族企业的常态，受传统文化及观念的影响，这种传承模式有益处，但也存在弊端，企业主要想更好地发展，也需深度思考这些问题。

3.2　中国家族企业主要特征及其代际传承特点

3.2.1　中国家族企业主要特征

受中国传统家庭文化的熏陶以及现代管理理念的影响，家族企业除了具有一般企业的营利性、组织性等共有的特点外，其自身还具有一些特征，其中主要表现在家族企业的防御性、双系统性、控制权高度集中三个方面。

3.2.1.1　防御性

家族企业对外部环境的防御性主要是因为家族企业对于血缘关系以外的人或者不熟悉的环境表现出低度信任。信任是一种依赖关系，被信任的个人或团体意味着得到了对方的高度认可，对企业的治理结构安排具有很大的影响。家族企业由于其独特性质和复杂系统，往往在企业文化、战略等方面都比较具有防御性（Basly，2007）。在家族企业对外人防范方面，家族企业对外人具有明显的不信任感，一方面家族企业对职业经理人严加防范，另一方面家族企业的核心机密很难被外来员工所接触（范文，2012）。然而，家族企业的这种防御性会限制其组织知识的多样性，而多样性的组织知识有助于企业更好地界定问题、发现错误和识别机会并更好地进行组织学习（Eriksson et al.，2000）。在财务方面，为了保证对家族企业的绝对控制，企业主往往不愿接受外部投资，他们害怕随着外部投资的增加，家族控制权逐渐被削弱，因此家族企业总倾向于对外部投资者采取敬而远之的态度，偏爱家族内部融资；在战略方面，家族企业的防御性在决策和公司治理方面均有体现。为了保证家族和企业的稳定，家族企业会采取一些现有的保守战略，对于具有挑战性的策略往往会选择性忽视，长此以往将会削弱企业的综合实力（Schulze et al.，2003）。通过过往研究我们也可以发现，家族企业更信任家族人员，对于外界环境及信息有时候会表现出一定的防御性。在相当长的时间内，家族企业的这种防御性一直是企业治理过程中的主要特性。

3.2.1.2　双系统性

家族企业是由家族和企业两个基本的系统组成。家族企业作为一种特殊的经济组织形式，企业与家族建构成了两个相互独立却又交叉的家族企业体系，具有现代企业和家族企业的二元特征。在此基础上加入所有权维度，由家族企业与所有权构成的三维模型中，家族企业的任何个体都能归属于这七个区域中，并且在这不同的区域中扮演着不同的角色（Davis and Tagiuri，1989）。由于这种特殊的双系统结构，家族企业既有企业的经济组织特性，又有非经济组织特性，家族企业不仅以企业的利润最大化为目的，而且在实际的运营过程中会更多地去实现家族财富的最大化，为家族成员谋取更多的利益。然而，由于家族这一系统的参与，家族企业往往冲突矛盾会更多，当出现矛盾时，家族企业会利用所掌握的资源来平息家族成员之间的纠纷，这就会使家族企业产生一定内耗，因此对于非家族企业而言，如果没有家族这一系统的参与，企业处理问题的复杂程度会降低。家族企业冲突往往具有锁定效应，很难通过某一方的简单方式来解决。

3.2.1.3 控制权高度集中

控制权是指某个体或团体对企业的决策具有直接或间接影响力，包括企业的长期战略决定、联盟并购结构以及日常管理等。家族企业控制权高度集中是家族企业的另一大特征，与一般公众企业相比，家族企业的股权和控制权一般都集中在创业者或家族大家长手中。如果是企业规模较大的家族，其主要成员也会有一部分企业控制权，企业中多数成员对企业决策并没有话语权。中国家族企业在控制方式上具有金字塔式控制的特征，在上市的家族公司中，因为上市公司大多数控制权与现金流有分离，实际控制人能够用较少的现金流对公司底层实现控制，这间接加剧了大股东和小股东之间的利益冲突。金字塔式控制结构有利于大股东通过侵占、掏空上市公司增加个人收益，损害中小股东的利益（陈晓红等，2007）。当大股东有金字塔式控制行为时，会加速现金流与控制权的分离，进而可能掏空公司，公司价值将会降低。当然这种高度的集权制也有一定的优点，对于领导者来说，这便于更好地统筹全局，政令和标准能够达到高度统一。

3.2.2 中国家族企业代际传承主要特点

3.2.2.1 家族企业进入代际传承重要时期

中国（民营）家族企业发展的这几十年中，大多数家族企业的第一代创业者已经到了花甲之年，面临着退休问题。根据麦肯锡公司的一组数据统计，全球范围内家族企业的平均寿命为24年，而创业者的平均在位时间也是24年，按照这个统计结果，家族企业已经进入了代际传承的高峰期和关键期。2017年，中国对外贸易信托有限公司副总经理齐斌在"2017中国财富论坛"上表示，中国拥有超过亿万身家的超高净值人群超过 1.5 万人，高净值人群也超过 5 万人。在未来 5～10 年，家族财富和家族企业的代际传承进入一个活跃期。这些研究数据以及论坛报告预示着中国的家族企业正处于代际传承的一个重要时期。在家族企业的代际传承高峰期，不仅企业的命运走向未知，而且家族的命运也可能伴随着变化。这个时期，家族内部人员往往容易产生争夺财产和股权等一系列矛盾，是企业最容易变革的时期，一旦出现不可控制的风险或者意外情况，将会对企业产生不可逆转的伤害。目前中国大多数家族企业已经步入了这一时期，如何更好地在这一时期将家族企业传承给后辈是企业家们该思考的问题。

3.2.2.2　家族成员观念代际差异明显

关于家族成员观念代际差异明显的研究，研究结论基本达成一致，但是对于其观念差异存在的原因具有较大的争议。一些学者认为，家庭内部关系对继任者有着深远的影响，特别是家庭成员的态度（赵楠，2021）。在家庭发展中，利益相关者的心理场对继任者的一些心理和行为也会产生影响，有利于家族继任者成长的群体心理场对继任者的成长和两代人之间的权力交接是很重要的（王海岳，2008）。然而，另一些研究者从社会变迁的视角出发，认为政治、经济、文化以及外部的生活环境和行为习惯等都会直接影响继任者的观念形成，企业主应该更加注重家族外部环境（周鸣阳，2010）。相比于老一辈艰苦奋斗、百折不挠的创业理念，家族继任者的观念有明显的差异，这和他们所受的教育以及成长环境有着极为密切的关联。老一辈持续开拓进取的意志比较强，而继任者们由于家庭环境优越，大部分接受过海外的高等教育，学习的管理理论相对更加系统，信息处理能力更强，风险偏好也更高，甚至一些继任者由于儿时经受家族产权争夺的迫害，不愿意接管家族企业或者接管家族企业的意愿并不强烈。另外，长期的海外学习也会使这些继任者接触家族企业的机会减少，他们更多地受西方教育的影响而忽略了中国本土企业的特征，形成了一套更具有西方色彩的管理理念，这些均是产生代际观念差异的原因。正是外部环境和家族环境的共同作用，致使两代人观念产生分歧，继任者管理观念与父辈们艰苦创下基业的经营理念背道而驰。

3.2.2.3 "子承父业"或"女承父业"是首选传承模式

企业领导者在考虑企业未来接班人的问题上更多地倾向于选择子女或者血缘关系较近的家族成员继承家族产业。虽然目前我国家族企业传承发展模式多样，但是由于我国职业经理人队伍发育还很不完善，有约束力的职业道德规范尚未形成，企业主对引入职业经理人的传承方式存在着担忧，导致一般家族企业不敢贸然选择职业经理人进入自己的企业，即使勉强找到合适的职业经理人，彼此之间的信任关系也很难在短时间内形成。多数创业者认为这种家族传承方式有利于企业发展，家族成员能够拥有对企业的控制权和决策权，同时在家族企业的核心岗位上，家族创始人也更愿意安排家族成员或者有裙带关系的成员来任职（金花、高燕，2016）。家族企业传承时，"子承父业"或"女承父业"仍为首选模式。这种传承模式可保障企业的所有权不落入外人手中，同时还可省去企业引入职业经理人的费用，降低企业成本，对企业内部环境的稳定也具有重要作用。

3.3 中国家族企业跨代成长面临的挑战

3.3.1 家族企业继任者管理能力不足、缺乏信任

继任者的管理能力对公众公司和家族企业的成功都很重要，但是，目前我国很多家族企业继任者的管理能力还有所欠缺，长期的理论知识学习使他们缺乏实践管理经验，部分继任者受国外管理思想的影响，可能对中国特色家族企业的管理难以上手。部分家族企业还存在"创一代"与子女年龄差距悬殊的现象，即使"创一代"仍在世，他们也已步入老年，没有更多的精力管理公司，而子女年龄偏小，对于企业的经营管理还未形成良好的概念和体系，这样的家族继承人很难继续维持或者发展家族企业。

由于继任者能力不足，公司内部对继任者也容易持怀疑态度，可能不会尽心尽力辅佐。再加上业务的维系需要依靠社会网络，企业的外部投资者和债权人多数与"创一代"关系较好，在企业经营困难时不仅不会撤资，还可能全力支持其渡过难关，但继任者则不同，一旦遇到难关，投资者和债权人的第一反应可能是尽快收回资金，以避免损失，这时候公司的资金链就会受到很大的挑战，容易出问题。信任伴随着家族企业的每次交易以及日常管理活动，信任对于企业来说不是一项独立的资源，将它理解为一种制度环境或制度要素是更合理的。这种制度环境或者制度要素蕴含在社会的整体文化价值体系之中，或者由企业组织本身的长期关系合约与策略选择所形成。在家族企业与信任研究方面，当家族企业的规模发展到一定程度时，其对管理能力和资源的需求会大幅增加，但是家族内部有限的人力资源和资金实力往往难以满足这种扩张需求，这时候家族企业就面临着信任扩张的困境。信任扩张可以通过把更多的参与者纳入情感性或混合性的关系格局中（黄光国、胡先缙，2004）来实现。在市场制度逐渐完善的情况下，家族企业治理制度的优势所对应的规模临界点会逐渐降低，高度的信任对继任者具有激励与约束作用（李新春，2002）。福建匹克的接班人许志华从父亲许景南手中接过匹克体育公司后，赞助了当时姚明效力的休斯敦火箭队，并研发了一种新型材料的软底鞋，许志华通过采取这种国际化以及产品创新策略争取到了休斯敦火箭队、美国 NBA 等国际一流的体育营销资源，彻底打开了匹克体育国际化的大门。匹克体育国际化一直是许志华父亲的心愿，但是由于老一辈语言以及文化各方面受阻，匹克国际市场一直很难打开，许志华成功实现了匹克体育国际化，也向公司员工、家族成员以及合作伙伴等证明了自己的能力，在企业初步建立起自己的威信。继任者在家族跨代成长时期，首先需要对公司的基本情况及业务进行熟悉，然后需要针对公司管理环节薄弱的地方进行提高；若要证明自己的能力，取得合作伙伴及公司员工的信任，应尽可能考虑从自己熟悉的业务入手，从易到难逐步地提升和展现自己的能力与才干；在熟悉的领域中，可适度创新，这样既提升了企业市场竞争力，也不大会威胁老一辈的权力和传统。

3.3.2 继任者创业导向差异显著

二代的创业导向关系到家族企业的持续成长、企业的基业长青，也是家族企业跨代成长的关键。创业能力可以被视为企业家成功执行工作的全部能力，不仅对家族企业继任者是否选择创业具有影响，而且也对新创企业的绩效有重要影响，创业导向显著的继任者才能带领家族企业实现可持续发展。不同于先前经验对创业能力及行为导向有显著影响（张玉利、王晓文，2011），王巧然和陶小龙（2016）做了进一步的探索研究，考察到创业能力在创业者的先前经验与创业绩效中起中介作用。另外，有不少学者发现，企业继任者的创业导向和企业业绩有着密切的联系。隐形冠军企业的创业导向能够促进其技术创新、获取先发优势，显著提升其企业绩效（葛宝山、赵丽仪，2022）。创业导向和战略柔性与企业绩效正相关，战略柔性在创业导向与企业绩效间起部分中介作用（丁栋虹、曹乐乐，2019）。创业导向是推动创业活动顺利开展的源泉，但目前家族企业的二代创业能力由于生长环境的不同有着显著的差异，部分继任者因持续开拓进取意志的丧失而碌碌无为，在接班后的渐渐迷失使家族企业错失战略性的复兴良机，导致传承后企业衰落，对企业产生了不可逆转的伤害。随着经济的不断发展，企业之间竞争压力不断加大，这些都是家族企业不得不面对的重要问题。尽管由于继任者创业导向的差距导致我国家族企业代际成长面临重大挑战，但是为了企业的发展，继任者必须加强了解创业导向的重要性并加强自身学习，实现其企业代际的茁壮成长。

3.3.3 家族企业创始人对公司治理过度干预

在家族企业交接班的过程中，由于家族创始人对于家族继任者的管理能力产生不信任，往往会出现家族企业创始人对于家族企业继任者在公司中的管理活动进行过度干涉的问题。这些家族创始人表面上对外宣布了公司完全由继任者管理，自己退居二线，但实际上仍在背后干预继任者的决策以及公司运营。创始人在代际传承后的这种干预虽然有稳固继任者在公司的地位、帮助继任者熟悉和管理公司等优势，但同时也为企业带来了不确定的风险和挑战。创始人在交接企业后如果继续参与公司管理，而接班人在这种情况下不小心出现失误，家族创始人会更加担心和有疑虑，会更多地参与到管理中来。对于继任者而言，创始人的不信任会影响继任者情绪及其创造性的发挥，随着时间的推移，企业继任者必然不会甘心做一个傀儡，到时不仅家族之间会出现矛盾，企业决策、治理等也会出现分歧，而且继任者的创业导向也会受到抑制，最终家族企业发展很可能演变为一场悲剧。

第❹章
理论模型构建及研究假设

本章首先对相关变量的概念及其内涵进行界定，划分维度，然后以此为基础提出研究的概念模型和相应的研究假设。本章将结合已有的相关理论，提出继任者创业导向对家族企业跨代成长以及社会情感财富调节作用的理论概念模型。

4.1　变量的内涵及维度

4.1.1　继任者创业导向的内涵及维度

4.1.1.1　继任者创业导向的内涵

学界对创业的研究逐渐由宏观方向转变为微观方向，从以个体为视角转变为以集体为视角。初期阶段，学术界较为注重对个体创业人员的能力、素质、行为以及创业动机作出分析（Schumpeter，1942；Moore，1970）。

以往研究中，学者更注重企业家角色定位和市场认定，分析家族企业创始人的创新能力、承担风险能力、人际关系、决策目标等（Miller and Friesen，1978）。Covin 和 Slevin（1989）认为，企业领导人创业导向与企业绩效之间存在紧密关联，在结构较为稳定的企业中，领导人创业导向有助于企业绩效提升，但在结构相对不稳定的企业中，领导人创业导向可能会对企业绩效造成消极影响。总体而言，创业导向对应研究逐步得到学术界广泛关注，但以创始人个体为研究视角的研究方式受到一定质疑，这主要是由于创始人个体相关的学术成果并不系统，形成的各项启示内容相对分散（Willard，1993）。此外，企业创始人个体具有一定复杂性，面临的社会环境、行业情境也并不相同，也会受一定程度的运气、机遇影响，因此较难形成具有代表性的创业者个体形象（Slevin et al.，1990）。这表明试图通过研究分析，形成典型创业者个体形象的各项研究较难得到科学有效的结论（Low，1988）。随着时间推移，学术界发现从个体层面出发分析创业研究较为困难，且所获得的结论缺少实践性，因此逐步将研究方向由个体转变为企业。随后在研究过程中，学术界逐渐认为企业创业导向直接关乎企业管理风格和战略规划，且可以被有效衡量，这使得创业导向开始被大量研究。值得关注的是，创业导向不仅存在于新成立的企业或中小型企业中，在大型企业中也同样存在（Naman，1993）。

Stopford 等（1994）将创业导向分为个人、组织、产业三个部分，指出创业导向无论存在于这三个部分中的哪个部分，都会随着时间推移而形成扩散，如个人层面的创业导向会逐渐传递至整个产业中，对产业规则形成影响，继而导致产业失衡或市场供需关系变化，最终引发产业革命。

学术界关于创业理论的研究逐渐由对创业者个人的研究转向对企业行为、创业行为的研究，直至开始对产业创业进行研究，而对企业家个体研究的关注度有所下降。在家族企业这一特殊情景下，由于家族企业多数是中小企业，大多以企业家为该组织的领导核心，尤其是注重代际传承的家族企业，企业家对于企业的影响更为重要，他们的创业导向对于企业的发展至关重要，因此企业家可以视之为家族企业的核心，对于家族企业经营和成长具有直接影响。

对于创业导向的本质，学术界在长期研究中形成的结论并不相同。Miller（1983）指出，创业导向能够影响企业战略规划、管理风格选择，可以使其采取倾向性策略，助推企业发展。随后 Covin 和 Slevin（1989）提出，创业导向具有一定前瞻性和创新性特征，是企业主动承担风险、寻求发展的新观念。Lumpkin 等（1996）结合理论文献和实践样本指出，创业导向能够为企业战略导向提供决策参考。苏晓华等（2010）指出，创业导向是企业家精神的一部分，直接影响企业经营决策中的各项活动。

尽管学术界对于创业导向的概念存在不同认识，但是普遍肯定创业导向可以使企业获得新的市场发展机遇，为企业管理决策、行为活动提供帮助（Wiklun，2003）。也有学者认为，创业导向直接决定企业经营风格和管理理念（Rauch et al.，2009）。扩展到家族企业情境下，在第一代家族企业中，创始人的存在对组织发展的影响最大。正如 Hollander 和 Ellman（1988）所述，企业文化常常成为创始人的个体体现；这种文化会影响运营风格，进而影响企业的发展和应对变革的能力。这种以创始人为中心的方向意味着内部文化取向的发展（Zahra et al.，2004），强调知识和专业知识的发展，而这些知识和专业知识存在于创始人的个性特征、行为方式和价值观中（Kelly et al.，2000）。

创业导向将与创始人紧密联系，是企业活动中最核心的角色（Kelly et al.，2000）。作为企业家的创始人根据自己的直觉、商业理念和策略推动公司的发展和扩张，而不是基于行业特征和竞争对手的举动。因此，创业导向在第一代创业者的家族企业中更大程度地推动创业。

随着公司转向第二代，这种创始人的中心地位也随之降低。虽然创始人可能作为所有者或董事会成员出席，但是有更多的家庭成员参与治理和日常运作（Gersick et al.，1997），因此决策变得不那么集中和个性化（Carney，2005；Kelly et al.，2000）。此外，第二代管理者面临着不同的挑战（Gersick et al.，1997；Peiser and Wooten，1983），他们需要找到新的方法来振兴和进一步扩展他们继承的业务（Hoy，2006；Kellermanns and Eddleston，2006），同时开始淡化创始人对于企业的影响力（Davis and Harveston，1999）。

家族企业创始人往往在企业留有较强的印记，使得企业具有明确的内部特征（Schein，1983；Gersick et al.，1997），而外部条件可能已经改变。因此，如果家族企业的继任者希望能够超越家族企业创始人（Handler，1992），他们必须推动新的做事方式。家族企业继任者需要发展更加外部的文化导向，更加重视外部环境的信号，这包括市场趋势研究、提供对新兴企业机会的见解等（Zahra et al.，2004）。由于更加重视外部竞争环境，家族企业的继任者将比第一代创始人更大程度地将公司的创业导向与市场需求和行业特征相结合。正如 Peiser 和 Wooten（1983）所述："特别是在动态环境中，第二代看到了超越第一代人的增长机会。"对外部条件的更多认识不仅是一种需要，还是从第一代到第二代家族企业向更正式的领导力发展的结果（Coleman and Carsky，1999）。与第一代创始人相比，家族企业继任者通常拥有更多的正规教育和外部经验（Sonfield and Lussier，2004；Kelly et al.，2000），这使他们有更大的能力参与分析市场和应对竞争对手，以便找到企业活动的新空间。因此，家族企业继任者的创业导向将更大程度地反映其在行业内的活力，以及比第一代家族企业更好地增长（Stenholm et al.，2016）。

基于此，本书认为继任者创业导向是家族企业接班人在动态的市场环境下，积极寻求变革和发展，以创新、先动、主动的战略态势谋求家族企业的基业长青。

4.1.1.2 继任者创业导向的维度

创业导向长期以来是学术界关注的重点，尽管学者们在不少时候所采用的术语存在差异，但是国内外学者对创业导向的总体观点较为一致。根据上文对创业导向维度的研究可以发现，学术界目前在研究过程中所参照的创业导向维度主要为 Miller 提出的三维度划分法或 Lumpkin 此后提出的五维度划分法，且主要研究维度为创新性、先动性。

代际变化有助于企业的创业导向随着时间的推移而变得更加有效，突出了创业导向的动态性质，然而传承后企业家创业导向的建立问题尚未得到充分解决（Zellweger and Sieger，2012）。因此，学者们建议分别考虑某些创业导向的维度（Nordqvist et al.，2008），以捕捉家族企业的企业家创业导向的全部范围，从而使该术语更适合家族企业背景，尤其是处于代际传承阶段的家族企业。

家族企业研究表明，在家族企业的背景下，竞争侵略性的相关性显著降低（Martin and Lumpkin，2003；Nordqvist et al.，2008）。家族企业具有较低的竞争侵略性，一方面是因为这些企业与他们竞争的行业巨头相比所面临的资源有限，另一方面是家族经理可能特别不愿被视为具有侵略性，因为竞争侵略性的企业行为可能会对家族和家族经理的声誉产生负面影响，而这种负面影响由于企业、家族和个人之间的身份重叠，以及由于家族经理无法离开家族或轻易转换管理者身份而得到加强（Dyer and Whetten，2006；Martin and Lumpkin，2003）。Eddleston 等（2007）的研究也表明，家族企业全面的战略决策和长期定位与竞争侵略性相矛盾。

Hernández-Perlines 等（2016）的实证研究表明，伴随着家族企业的代际传承，家族及家族企业的声誉随着时间的推移而增强，这种声誉得到了稳定的公司治理和所有权结构的支持，所有家庭成员都担心攻击性行为可能会破坏这种形象，包括由于身份重叠导致的个人声誉的负面影响（Dyer and Whetten，2006），即家族取向水平的提高可能会降低家族企业继任者的竞争侵略性（Hernández-Perlines et al.，2016）。这也部分支持了 Martin 和 Lumpkin（2003）的研究结果，即家族企业继任后代的竞争侵略性较低。由此可知，由于要控制家庭的声誉问题，长期家族企业的竞争侵略性随着时间的推移和代际传承而降低。

风险承担性是指在可能结果不确定的情况下冒险进入未知领域的意愿（Covin and Slevin，1991）。这可能涉及投资未经证实的技术或进入未经测试的市场。风险承担性被认为是企业家行为的一个决定性特征，尽管先前的研究表明许多企业家要么认为自己的行为不具风险（Simon et al.，2000），要么只有在通过研究和规划大大减少不确定性后才采取行动（Bhide，2000）。具有长期导向的家族企业可能具有相对较低的承担风险的倾向。在一项针对 696 家瑞典中小企业（265 家家族企业和 431 家非家族企业）的研究中，Naldi 等（2007）发现家族企业比非家族企业承担的风险要小得多。Zellweger（2007）认为，家族企业的较长规划期允许他们参与风险较低的项目，同时仍然产生与短期导向的公司一样多的股东价值，这会带来更大的风险。更长的时间范围可能提供更多通过更仔细的规划和研究来减少不确定性的时间，它也可能会阻止公司采取任何可能使公司财务状况更加脆弱的行动（如大量借贷）。此外，重视长期生存而不是提高盈利能力和增长的家族企业可能会避免采取与冒险相关的大胆风险行动。如前所述，具有长期导向的家族企业可能会犹豫要不要采取会危及其维持业务控制能力的行动。可能限制企业冒险行为的另一个因素是通过避免公司发生变化来保护声誉。

Martin 和 Lumpkin（2003）发现，随着更多代人加强了对家族企业管理的参与度，企业风险规避能力得到了提升，同时后代管理者对风险更为厌恶。Nordqvist 等（2008）发现，与创新性、先动性和自主性相比，在家族企业中"风险承担性和积极竞争性的迹象较少"。Nordqvist 等（2008）认为，在家族企业代际传承的背景下，先动性被认为是更重要的，同时具有自主性和创新性。

基于此，本书认为家族企业继承者创业导向的测量可从创新性、先动性、自主性三个指标出发。

4.1.2 家族企业成长的内涵及维度

4.1.2.1 家族企业成长的内涵

目前学术界对于企业成长的相关研究已形成较多文献，对应的理论观点也相对成熟，学者们在研究探讨过程中分别选定多个具有评价性的专项指标。Penrose（1959）表示企业是将各项生产性资源进行整合的综合体，指出企业成长等同于资源增多以及资源利用率提高。科斯（1974）以交易费用为研究对象，指出企业成长可以视之为交易功能得到提升和市场交易范围得到扩大。大部分文献从交易量变的视角出发对企业成长作出评价，杨立峰等（2006）指出企业成长可以反映在财务指标变动上，如资产规模扩大、获利能力提升、股价上涨、市场份额提升等；龚丽敏（2012）认为衡量企业成长的指标可以包括销售规模、员工人数、利润率、市场份额等。刘国光等（2001）指出企业成长可包括两项内容：其一，量提高，即总资产规模增加，在某段时间的销售规模提升或员工数量增多等；其二，质提高，即企业资源利用效率、创新能力、风险控制能力得到提升等，业内影响力不断扩大。

储小平和李怀祖（2003）对家族企业成长的标准作出认定，并提出具有对应性的评价规范，指出家族企业未来发展与其所处的内外部环境存在直接关联，同时其也可以视为家族企业资金资源、人力资源、文化资源、人际关系资源的有效结合，并认为家族企业成长可以从资本规模、组织结构和获利水准三点进行判断，这是由于家族企业成长等同于资源吸收和利用。陈然方（2005）认为，家族企业成长根据不同时间段可以分为三个时期，即两权合一时期、初级两权分离时期和高级两权分离时期，同时结合建模发现，家族企业组织结构不断完善可以促进企业成长。

尽管不同学者对家族企业的定义存在很大差异，但是普遍认为家族企业同时具有家族和企业两个概念的特征，是家族利益与发展和企业利益与发展有机结合的整体，因此，家族企业的成长是企业成长和家族成长的统一。

4.1.2.2　家族企业成长的维度

对家族企业来说，企业是多部门、多系统的组织，同时也是家族情感和企业理性决策的结合，因此家族企业具备多维性特征。Davis（1982）创新地构建了三圆重叠模型，在研究中将家族企业分成家族、所有人和经营人三个不同维度。Habbershon 等（2003）基于 Davis 的模型和观点提出家族企业成长模型，在该模型中，家族企业可以分成家族、企业和家族成员三部分。Gersick（1998）经过长期分析认为，家族企业的建设与发展与家族稳定性、企业理性决策和企业所有人个人能力存在直接关联，同时在传统维度模型上增加时间因素可发现，家族企业成长是一个综合过程。

国内学术界通常以企业生命周期为研究切入点，对家族企业如何更好实现成长目标作出分析。王宣喻和储小平（2002）以东南亚家族企业为研究对象，认为处于不同生命周期的家族企业对应的成长目标也并不相同。张余华（2002）在其研究中，对国内家族企业如何在创业阶段、发展阶段和成熟阶段实现进一步成长作出分析。万向荣（2002）通过案例分析和对比研究等方法对我国多个家族企业进行了分析，指出国内家族企业成长通常可以分成初创阶段、合作阶段、企业成熟阶段、企业与家族共同发展阶段。陈红芳（2003）将国内家族企业成长分为创业、发展、成熟以及后家族四个阶段，并认为创业阶段企业即为私营企业，随后才成为家族管理企业，在成熟阶段企业等同于家族控股公司，最后家族成员控制权下降，成为股权分散的上市公司，以职业经理人管理的方式促进企业进一步发展。周鸿勇和李生校（2005）认为我国家族企业在发展过程中具有一定特殊性，具体可分为原始阶段、古典阶段、规范阶段和自主发展阶段，尽管演化路径存在差异，但是最终可以实现两权分离，成为面向社会的大众公司。

总之，学术界对企业成长的研究主要从成长方向和成长过程两部分出发，结合成长理论作出整体分析，这为本书研究如何进行家族企业成长维度划分提供了参考。从整体角度而言，家族企业成长维度直接关乎家族企业内部建设、网络发展、人际关系等，通过对家族企业成长路径研究，来分析家族企业的发展历史和未来成长。

因此，从家族与企业双系统的角度判断，家族企业的成长可以分为企业维度上的成长和家族维度上的成长。

4.1.3 社会情感财富的内涵及维度

4.1.3.1 社会情感财富的内涵

通过理论和实践相结合可以发现，家族企业与非家族企业所采取的行为方式不同（Gomez-Mejia et al.，2011；Berrone et al.，2012）。在以往对于家族企业研究的基础上，Gomez-Mejia 和 Moyano-Fuentes（2007）解释了这些不同之处，提出家族所有者从几个来源获得社会情感财富，包括将家族姓名与企业相关联、对企业的情感依恋以及因家族成员为企业工作带来的满意度（Gomez-Mejia et al.，2011）。然而，由于家族企业的其中一项任务是要持续增加所有者的社会情感财富，因此它的保存会影响家族所有者和职业经理人的商业决策。家族企业对于社会情感财富较为关注，若家族对企业的控制力下降，则会造成社会情感财富下降，如家族成员之间出现矛盾、家族期望目标难以实现等。换言之，在非家族成员看来不专业的决定，例如任命一位不知情的家族成员为企业的 CEO，对于家族所有者来说可能是合乎逻辑的，因为这样可以为家族企业带来经济层面以外的其他收益。这意味着社会情感财富对家族企业可持续发展可能存在积极影响，也可能存在消极影响，从家族企业成立和发展情况来看，维护家族整体社会情感财富较为重要。

按照 Gomez-Mejia 和 Moyano-Fuentes（2007）的研究结论，社会情感财富是家族企业在成长过程中结合其多项身份，在家族企业之外获得其他经济层面以外的收益，如权利分配、情感归属、亲缘关系维系需要等，家族企业也需要长期保持一致的价值观，以提高家族控制维系程度，使家族具备更多设备或资本，并通过利他主义思想提高其他家族成员的收益。

4.1.3.2　社会情感财富的维度构成

（1）Gomez-Mejia 的三维度划分。Gomez-Mejia 和 Moyano-Fuentes（2007）参照社会情感财富特征，将家族企业社会情感财富分成情感、价值观和利他主义三项维度。

第一，家族企业是具有一定特殊性的企业，是具备家族历史的综合组织，在该组织中家族成员占有控制权，且保持着紧密关系，即企业员工同时也是家族成员。在非家族企业中，员工往往可以自由离开或选择转让股份，但家族成员通常较少离开企业，成员之间的情感关系并不仅仅由企业决定。尽管各类型企业之间均存在情感维系，但是家族企业中情感维系更为明显。

第二，家族企业的管理者通常价值观相对一致，且对企业传承具有显著影响，家族企业延续的同时也意味着家族资本得到了保护。家族成员往往在家族企业中不断传承价值观念，这与非家族企业存在明显区别。

第三，家族企业创始人的主导效果非常明显，不仅体现于家族企业创业阶段，也体现在此后发展时期，家族企业所有人和实际控制者的经营理念和战略方向为企业传承带来巨大影响。

第四，家族企业存在明显的利他主义，即在出现利益争议时，通常可以从大局角度出发，形成对整个家族有利但对自身不利的选择，这造成家族成员较少出现机会主义思想。由此可见，家族企业中的成员义务履行动机主要为血缘关系。

（2）Berrone 的五维度划分。Berrone 等（2012）指出，Gomez-Mejia 对应的维度划分并不能全面展现出社会情感财富的具体内容和本质需要，随后结合实证分析和逻辑探讨，将社会情感财富划分为五个维度。

第一，家族控制与影响。家族企业在成长过程中，将社会情感财富维护作为重点，在内部管理结构调整时，也注重如何维持家族控制权，即便这样可能会对企业发展造成负面影响。家族企业和非家族企业之间存在一定差异，在家族企业中，家族成员会对企业决策进行控制，而非家族企业不会如此。这些决策控制往往体现为由家族成员担任总经理、董事会主席等重要岗位。在社会情感财富维护过程中，家族控制与影响起着重要作用，且家族成员往往期望能够因此提高家族影响力。

第二，家族成员对企业的认同程度。家族企业通常倾向于将家族姓氏直接融入企业名称中，将家族企业视作家族系统的延伸，同时这也可以提高家族成员的认同感。就家族成员来说，面临批评或谴责时，可能会对其家族情感带来冲击，因此家族企业成长过程中，家族成员往往责任心更强，时刻重视家族形象建设。

第三，社会关系。Cruz 等（2012）指出，社会情感财富能够影响企业内部关系，使利益相关者保持较高的紧密度。企业中存在的社会联系并不仅仅在家族成员之间才会形成，如家族企业上下游产业链中的稳定合作伙伴也属于泛家族成员，因而也会产生社会联系。在渠道建设过程中，家族成员能够形成更多社会关系，且可将该关系作为导向，使得家族企业与合作伙伴保持紧密联系。家族企业往往更倾向于与家族周边的企业进行合作，即便并无更多经济利益。此外，家族企业履行社会责任积极性较高，如参与公益性捐赠、赞助当地学校、冠名地方文娱活动等，这并不一定是出于经济利益考虑，有可能仅是为了使家族被认可。

第四，情感依恋。家族企业中家族成员的权力较大，这也是因为家族成员之间在个体成长、共同经历等方面联系较为紧密。不少学者指出，来源于家族参与的情感认知和商业认知是家族企业的重要特征。在部分家族企业中，家族关系和企业关系之间并无明确界限，家族情感往往直接影响企业组织框架、战略规划和投资方向，且该维度也有助于家族成员产生利他主义思想。

第五，跨代传承。对于家族企业而言，跨代传承是最为主要的社会情感财富维护方式。从家族所有者视角来看，企业不仅是资本市场中可交易的资产，也是家族传承的重要内容。家族成员往往会将家族企业视作长期性投资，通过跨代传承的方式交给家族后代，因此家族企业通常会在业务推广和市场开拓过程中注重家族关系培养。

（3）Miller 的二维度划分。Miller 和 Breton-Miller（2014）进一步在理论层面拓展和深化了上述观点。根据社会情感财富对企业利益相关者的影响，他们将社会情感财富分为两种不同的类型：约束型（家族控制）和延伸型（家族传承）两个维度。

约束型社会情感财富基于代理与行为代理理论和家庭利他主义，主要关注直接的家族成员的利益，通过家族主导的领导和治理，而不论能力，来为所有当前家庭成员提供永久的工作保障和获得商业资源，战略上通常采用保守主义或停滞不前，企业投资较少，规避风险，家族从企业中提取资金，其结果往往导致企业低质增长或短命，但却能深化家族对企业的控制。

延伸型社会情感财富基于管家理论、利益相关者理论和可持续发展理论，同时关注家族成员以及其他利益相关者的利益和家业长青，通过积极上进的家族成员和家族与非家族高管和董事之间平衡的治理结构，把后代能够并愿意培育企业作为长期福祉，战略上能够进行慷慨持续的投资，其结果能够带来企业卓越的成长和长寿，从而确保家族企业与合作伙伴和社区的持久关系。

（4）Debicki 的三维度划分。Debicki 等（2016）根据重要程度将社会情感财富划分为家族声望（Family Reputation）、家族延续（Family Continuity）和家族繁茂（Family Enrichment）三个维度。

家庭声望维度代表了作为企业所有者的家族如何被社区所感知的重要性，其中将社会情感财富收益视为重要的参考，家族企业希望通过开发一种在社区中获得成就和给予他人福祉的慷慨行为而得到承认。大家庭、朋友、熟人和社区的认可和社会支持被视为企业在社区中的重要地位和声望。家族领袖可能认识到家庭关系可以帮助家族和企业开展业务，例如，新客户可以通过家庭关系获得。此外，潜在的商业伙伴可能由于它的声誉选择与家族企业合作，因为企业是由一个值得信赖的家族所经营。换句话说，这些家族必须能够利用家族社会资本进行商业活动，从而通过企业的业务关系增强家族的社会资本。

家庭延续维度代表了维护家族控制和参与企业的家庭决策者的重要性，这与家族所有者和管理人员能够为家族企业的可持续发展做出贡献的内在满足感相关。家族希望通过所有家族成员追求共同业务目标来保持家族的统一，同时维持企业经营中的家族价值观。这样的价值观可以在与客户和商业伙伴的交易处理方式以及家族企业的一般业务方式中得到体现。这个维度也揭示了通过家族参与企业来维护家族体系的重要性。

家族繁茂维度指出了为满足家族成员的更广泛的权益而增加整个家族和谐愿望的意义，家族繁茂代表了对家族的利他主义，而不仅仅是成员直接参与业务。利他行为被认为是家族企业的独特特征。家族繁茂维度重视为家族成员提供就业机会的能力，以及增加家族成员的幸福和福祉，即便这样做并不是企业经营所必需的。

（5）Haucka 的三维度划分。Haucka 等（2016）在 Berrone 等（2012）提出的 FRBEI 五维度的基础上，利用德国的多达 500 名员工的 216 家家族企业的样本进行模型改进，验证了五个维度不同程度的有效性，并提出了一个修订后的社会情感财富结构维度，以衡量家族从控制企业得出的核心情感禀赋。

Haucka 等（2016）认为，原有维度中 F 和 B 概念化的方式缺乏情感和非经济性的内涵，以及原始概念化存在难以操作和测量的问题，基于对社会情感财富的情感核心专注，提出了简洁的三个维度（REI），包括家族成员认同感、社会关系紧密度和跨代传承意愿。

各维度划分分类如表 4-1 所示。

表 4-1　不同学者社会情感财富维度划分

研究人员	维度划分
Gomez-Mejia 和 Moyano-Fuentes（2007）	情感、价值观和利他主义三个维度
Berrone 等（2012）	家族控制和影响、家族成员对企业的认同程度、社会关系、情感依恋和跨代传承五个维度
Miller 和 Breton-Miller（2014）	约束型（家族控制）和延伸型（家族传承）两个维度
Debicki 等（2016）	家族声望、家族延续和家族繁茂三个维度
Haucka 等（2016）	家族成员认同感、社会关系紧密度和跨代传承意愿三个维度

资料来源：根据相关文献整理。

从社会情感财富角度来说，维持家族对于企业的控制力度是家族企业成长过程中的主要内容。Berrrone 等（2012）认为，社会情感财富本身也是企业控制与发展的重要因素。陈凌和陈华丽（2014）则认为，在我国传统文化中的防御性文化被较多家族企业认可。而社会情感财富需要依托家族对于企业的控制力，进而使家族关系得到进一步维系：①企业管理者在资源配置过程中会考虑提高家族控制力，利他主义思想较强的家族企业所有人会倾向于为家族成员提供岗位，或对家族成员作出关照，而非家族企业往往并不会如此（Schulze et al.，2003）。②家族对于家族企业的情感与对企业控制的强弱存在直接关系，成立企业以及管理企业均会提高家族对于家族企业的认同感，且会在企业成长过程中提出控制期望，同时家族成员认同感不断提高，这也会造成家族企业对非家族成员的发展存在一定约束（Pierce et al.，2001）。③家族企业通常会由于保护家族利益而使家族成员始终保持较强的企业控制力，但在企业管理中若放松企业控制力，意味着非家族成员地位得到提高，这容易使家族成员出现一定的焦虑感（Gomez-Mejia et al.，2010）。

家族企业在成长中一般将跨代传承视为保存社会情感财富的主要方式，并在企业控制中不断强化这一理念。Miller 和 Breton-Miller（2014）经过长期分析后指出，延伸型社会情感财富需基于企业长效发展目标时间，且社会情感财富变化会影响家族企业管理决策。尽管 Miller 等（2009）的研究仅列出了家族形象、股东利益、社会关系等内容，并未突出跨代传承的重要性，但是同时也表示家族企业在成长过程中将延续梦想、传承家族价值观和提高家族声誉作为企业长效发展目标。不少与家族企业相关的研究内容也表示，跨代传承是家族企业形成长效导向的基础，这也意味着家族成员对家族企业如何实现可持续发展越发重视（Chrisman and Patel，2012）。家族企业在发展中也会面临困难和风险，其长效建设离不开家族成员平衡自身利益与企业利益，使家族企业能够提高核心竞争力，并保持较好的社会关系（Miller and Breton-Miller，2005）。由此可见，社会情感财富的存在和保护也为跨代传承目标实现提供基础。何轩等（2014）指出，在华人家族企业中，跨代传承与社会情感财富延续存在直接关联，这也是家族企业长期战略规划中的重点内容。这使得考虑跨代传承的家族企业更注重内外部环境改善，采取长效投资的方式，提高自身远期发展能力。

本书认为约束型（家族控制意愿）和延伸型（家族传承意愿）是社会情感财富的两个核心维度。因此，本书将分别从家族控制意愿和家族传承意愿两个维度出发，探讨家族企业继任者的创业导向能够为家族企业成长带来的影响。

4.2 理论模型构建

近年来，创业导向与企业成长关系日益引起国内外学者关注。主流创业理论认为，创业导向有助于企业获取持久竞争优势并实现企业创业成长。然而，实证研究却产生了正相关、负相关、不相关及曲线影响关系等不一致结论。家族企业是创始人发现和开发机会等创业行为所产生的结果，相关研究大多从家族涉入视角探讨家族企业创业导向对企业成长的影响。例如，Casillas 等（2010）指出，家族企业领导者创业导向对企业成长的正向影响对二代或后代家族企业更明显。社会情感财富理论认为，保存或增加社会情感财富是家族企业战略决策的重要依据（Gomez-Mejia and Moyano-Fuentes，2007）。因此，研究家族企业创业导向与企业成长关系有必要考虑社会情感财富的制约（Schepers et al.，2014）。

进入 21 世纪后，学术界对于创业导向和企业成长之间的关联日渐关注，主流观点表示，创业导向可以助推企业长效发展，使企业获得更多成长机遇。然而，在案例研究和实证分析中存在不一致结论。家族企业成长与创始人、开发机会等存在一定联系，这使得不少学者对家族企业创始人、经理人存在的创业观加以分析。例如，Casillas 等（2010）认为，家族企业控制人和管理者的创业导向可以推动企业成长，且对后代传承者创新意识强化具有积极意义。Gomez-Mejia 和 Moyano-Fuentes（2007）指出，维护和增加社会情感财富有助于家族企业展现自身资源优势，使企业竞争力得到明显提升。Schepers 等（2014）认为，可基于社会情感财富提高或减少的角度，对创业导向和家族企业成长之间的联系进行研究。

因此，有必要对家族企业继任者具有的创业导向程度以及对企业后续成长带来的作用进行研究，分析家族企业继任者在创业导向引导下发挥的作用受哪些因素影响。结合理论知识梳理和学术界现有文献归纳，本书将继任者创业导向视作自变量，同时将家族企业跨代成长作为因变量，将社会情感财富作为调节变量，提出研究的理论模型，如图 4-1 所示。

图 4-1　研究的理论模型

4.3　继任者创业导向对家族企业成长的影响

4.3.1　继任者创业导向对企业成长的影响

创业导向与企业成长之间的关系一直是学者们研究的重点和方向。当企业新进入一个行业或者产业时，所采取的一系列决策、行为和过程就是创业导向的本质。拥有自身的竞争优势是企业的生存之道，创业行为在创业完成之后也会持续，创新工程往往是企业内部的创业，并以企业所设定的目标为基础不断进行。

企业是否具有创新性取决于企业对于新想法的参与及支持程度。如果企业对新兴的事物出现或者新的技术应用等方面表现出极大的兴趣，认可并且接受该新事物或新技术，一般就认为该企业具有创新性（Lumpkin and Dess，2001；Dess and Lumpkin，2005）。在现实生活中，创业和创新是紧密相连的，Miller（1983）曾指出，产品创新、新市场的开拓、新技术的应用，虽然是企业内部的行为，但是也属于创业活动。Porter（1985）认为，企业有价值的产品或服务创新，会使其与同行业相比取得产品溢价的可能性更大。Drucker（1994）提出，拥有创新性的企业，对于新技术、新服务的创造活动支持程度会更高。

缺乏创新性的企业，在新产品的开发和新技术的研发方面缺乏强烈的开拓进取精神和兴趣，因而丧失了在激烈的竞争环境下获取更多的机会和成功的可能性（Wiklund and Shepherd，2005）。企业为了能够不断满足新的市场需求，可以以创新性行为为契机，不断开发新的资源和新技术，进而使企业的绩效随之提高（张秀娥、张坤，2018）。Dess 和 Lumpkin（2005）认为，企业的更多资源和竞争优势可以通过企业的创新性导向获得，企业创造高水平绩效的途径很多，如产品、技术和管理等方面的创新，这些都得益于企业创新方式的多样化（张启尧、孙习祥，2016）。

　　基于上述论断可以得出结论，善于创新的企业在短期财务和长期发展过程中都呈现出高水平创业绩效。更多新的市场机会将会属于创新性企业（Wiklund and Shepherd，2003）。企业要想获得持续的竞争优势或者高速发展的资源，技术领域的创新、产品研发上的创新、市场开拓上的创新，甚至管理领域的创新都是其关键的手段和途径，同时企业在产品和流程上的战略创新也会推进企业的成长与发展（Dess and Lumpkin，2005）。具备较强创新意识和创新能力的企业，比其他企业开发出新产品或新技术的可能性更大，获得发展机会和竞争优势的机会更多（贾建锋等，2013）。

　　先动性是企业在寻求新机会过程中所具有的预见性特征，指企业有较强意愿开展企业的战略行动、寻找机会的行动，这种行动领先和精神首创体现在企业许多方面，先动性是企业在新机会寻求过程中所具有的（Rauch et al.，2010；Lumpkin and Dess，2001）。企业为了提高竞争优势、获取高收益而作出的重要战略就是先动性（Covin and Slevin，1989；Lumpkin and Dess，1996）。先动性是企业成为行业领导者的必要条件，商业机会往往是转瞬即逝的，而具有先动性的企业具备把握这种机会的能力。这种企业能够抢先于竞争对手，迅速作出决策同时实施行动来面对各种不确定的环境，做将新产品和新服务投入市场的第一个企业，市场和行业动向等先动优势被其掌握。Lieberman 和 Montgomery（1988）重点指出，企业如果想利用好市场机会，那么其最佳战略就是企业的先发优势。先动性企业更愿意通过试验来主动尝试各种机会。Lumpkin 和 Dess（1996）曾提出，先动性就是企业保持竞争优势、获取稳定高收益的最佳战略。

　　学者们普遍认同的观点是，先动优势往往是那些创业导向的公司通过利用新的机会而获得的，主要包括八个方面。①市场位置优势：能够把握产品定位的绝佳时机并及时准确预测出市场需求的先动企业，可以抢先占领到最有利的市场位置；②产品标准化：先动企业作为行业领跑者，具有根据自身产品结构和技术水平设立行业标准的优势；③设置专利优势：创新产品都有其关键部分，先动企业对于关键部分的专利可以较早地申请，这些专利可以获取经济收益；④技术卓越：先动企业在技术和市场上具备长期保持领先的能力；⑤良好形象和声誉：先动企业的新产品比竞争者提前进入市场，并占有市场较大份额，在市场中塑造企业的正面形象是较简单的一件事；⑥品牌忠诚度：先动企业可以优先培养一部分顾客的消费习惯，这一部分人逐渐发展成品牌的忠诚消费者；⑦拥有分销渠道：先动企业率先占领市场，具备优先占据更多分销渠道的优势；⑧转换成本较低：转换成本源自顾客，当与顾客建立长期关系的目的是维系顾客忠诚时，转换成本随之增大。

企业可以依靠先动性的引导迅速占据市场中的领先地位，在新的市场领域、新的技术手段或者新的管理方式面前快速地先发制人，依靠其领先地位为企业获得较高水平的绩效（杜跃平、王欢欢，2018）。利用先动优势，在其他企业还没有完全意识到新的市场、新的技术、新的机遇来临之前，果断出手，快速决策，从而迅速地占领市场，利用先动优势在新的"蓝海"形成消费者新的品牌意识，从而缔造顾客忠诚度（姚梅芳等，2018），进而获得超额利润，这是企业先动性的关键作用。Dess 和 Lump-kin（2005）提出，当先动企业迅速占领新市场后，所获取的市场份额不仅能在短期内帮助企业获取高额利润、形成高水平财务绩效，而且更重要的是，这个市场优势也会随着品牌形象的早期渗透而持续存在（张启尧、孙习祥，2016）。先发行动所获取的竞争优势通常一直延续到企业生命周期的成熟阶段（易朝辉等，2018），因此也影响着企业的长期绩效（苏超等，2017）。此外，在品牌塑造和控制分销渠道方面，企业的先动性也能帮助企业获得新的机会，稳定地占领市场份额，持续获取高水平企业绩效（Zahra and Covin，1995）。

先动企业在获取竞争优势促进自身的成长方面有两种主要方式（贾建锋等，2013）：一是企业寻找新机会的行为持续不断，时刻关注复杂的外部环境、政策和技术的发展趋势，并迅速研发新的产品或服务占领市场，获得先动优势（Chrisman and Patel，2012）。企业在没有竞争者的条件下，能迅速扩大其市场份额，以实现最快速发展。二是先动企业的竞争优势对于后续市场进入者同台竞争的能力具有提升作用，这样一来即便后来竞争者进入市场同先动企业抢夺市场份额，先行者的企业也能依靠良好的企业形象和顾客忠诚度与其竞争而不会受到威胁。

自主性指的是创业个体或组织把握创业机会的灵活性与资源运用的独立性。Lumpkin 和 Dess（1996）提出，自主决策在创业的过程中是最普遍的。创业者们必须具备独立的、将想法通过商业实践进行检验的能力。在组织中，自主性包含企业结构、创业方向等多个方面，无组织约束的主动性和行为也包含在内。对于新创小企业而言，自主性源于企业的所有者或管理者，所有者或管理者的愿景对于组织行为具有重要影响，其作用是处于中心地位的。企业的战略制定过程始于创业活动，新想法贯穿于各种管理活动之间，而管理者独立、自由的思想对企业有更为明显的影响（Hart，1992）。Eriksson 和 Thunberg（2006）指出，自主性最强的领导者领导的企业往往最具创业性，这是推动个体或团队进行创造性活动的关键，同时新想法的形成和发展也源于此。

除了以上由创业导向的创新性、先动性和自主性三个维度推导出创业导向和家族企业成长的关系之外，也有研究表明创业导向与企业绩效具有正向关系。Urban 等（1986）研究表明，市场的进入顺序与市场占有率呈正相关关系。Lussier（1995）研究表明，创业导向能够引导小企业和新创企业迅猛发展。Morris 和 Sexton（1996）针对美国佛罗里达地区小型企业样本的调查显示，企业的顾客数量、新顾客数量、销售增长率和员工增长率等因素使得创业导向与几个重要变量呈显著正相关关系。Benner 和 Sting（1999）研究发现，从长时间跨度角度来看，高企业绩效得益于高创业导向。Rauch 等（2004）认为，创业导向与企业成长绩效之间呈正相关关系，并通过元分析进行了验证。除了大量国外学者的研究，我国学者也就此问题开展了深入研究。陈劲（2003）认为，创业导向越高，企业的绩效越高。蔡莉等（2005）调查了吉林省 346 家新创企业，并对所获得的样本数据进行实证检验后发现，创业导向中的创新性和先动性两个维度与企业绩效呈显著相关关系。随着研究的深入，越来越多的学者证实了创业导向与绩效水平间可能存在着非线性关系的假设。夏霖和陆夏峰（2006）证明了创业导向对企业绩效有正面促进影响的中国情境适用性。焦豪等（2007）也证明了创业导向对绩效有正面影响的结论。当然，创业导向的不同维度对企业绩效的影响是存在一定差异的，其方向也未必完全一致，比如李雪芳（2008）通过访谈研究和问卷调查得出的结论：创新性和先动性对企业的财务绩效和成长绩效均有显著的正向影响，可以总结出占主流的观点是，创业导向与企业绩效之间存在正向影响关系。企业成长不仅是企业绩效的一个重要维度（Wiklund and Shepherd，2005；Moreno and Casillas，2008），还是最受创业者关注的一个结果变量。因此，本书直接将继任者创业导向和家族企业的企业成长存在何种关系作为研究方向。

基于上述论证，提出以下研究假设：

H1：继任者创业导向对家族企业的企业成长具有正向影响。

H1a：创新性维度对家族企业的企业成长具有正向影响。

H1b：先动性维度对家族企业的企业成长具有正向影响。

H1c：自主性维度对家族企业的企业成长具有正向影响。

4.3.2　继任者创业导向对家族成长的影响

随着创业导向使企业绩效提高，家族的收入也会提高，家族的福利得到改善，教育资金有所保障，家族成员获得更高的幸福感和满意度，进而家族绩效随之提升，家族迅速成长。然而，家族和谐氛围会由于过度的创业导向而被破坏。Davis（1983）提出，为避免家族和谐因冲突而受到影响，家族将家族传统作为指导其成员行为的标准。为了保护家族成员或家族利益，家族倾向于对外界的变化产生厌恶或抵制。创业导向具有的"创造性破坏"特性，迫使家族思维和行为模式做出改变，家族资源也可能面临着重新配置，企业稳定的"家族范式"（Family Paradigm）必然受到影响（Lumpkin and Dess，1996），家族成员之间会产生利益冲突，致使家族和谐的平衡性被打破。

企业的创新性行为往往意味着可能要进行长期的研发类项目投资，而创新项目投资的结果往往是不确定的。新创家族企业不具备承担高风险性的能力，如果创新的项目失败，家族企业将面临破产。此外，企业创新等重大创新项目决策的实施，创业者如果独立推进是很难实现的，会因遭受家族成员股东或管理者的强烈反对而受到制约，进而引起家族内部的不和谐。同时，创新性活动意味着需要投入更多的时间和精力，从而减少了和家人团聚、相处的时间。

先动性决定了企业战略决策的主动性和迅速性，而相关的决策权绝对集中，往往会导致家族企业继任者与其他家族成员的目标差异和利益分歧，会破坏家族和谐氛围。

授权组织内的个人和团队的内部自主性削弱了家族其他成员在企业业务中的机会（Lumpkin and Dess，1996），而来自银行、供应商、客户和金融市场等利益相关者的外部自主性又削弱了家族对企业的控制（Nordqvist et al.，2008）。

基于上述论证，提出以下研究假设：

H2：继任者创业导向对家族企业的家族成长具有负向影响。

H2a：创新性维度对家族企业的家族成长具有负向影响。

H2b：先动性维度对家族企业的家族成长具有负向影响。

H2c：自主性维度对家族企业的家族成长具有负向影响。

4.4　社会情感财富的调节效应

社会情感财富是继任者创业导向对家族企业成长影响程度的限制条件。家族企业资源积累受社会情感财富增加的影响，从而使继任者创业导向与家族企业成长之间的关系受到影响。

这部分内容将分别从社会情感财富的家族控制意愿和家族传承意愿两个维度进行研究，分析其分别对继任者创业导向与企业成长、继任者创业导向与家族成长有怎样的调节作用。

4.4.1　家族控制意愿对继任者创业导向与家族企业成长的调节效应

从短期来看，财务风险、不确定的收益等会伴随着较高的企业创新性和先动性的成本投入而发生，经济财富和社会情感财富的双重损失也会有发生的概率，因此家族企业面对较为大型的研发投入，一般持风险厌恶态度（Chrisman and Patel，2012）。在家族企业中，所有权与控制权与家族控制意愿有关，意愿越强越集权，相较而言，投入高风险的成本只能靠家族来承担，而风险厌恶是家族本身具有的特性，致使许多投入类项目被家族企业排斥。

委任信任的家族成员到重要的岗位任职，有利于维护家族在公司内部的成员身份，发展好家族企业需要依靠拥有家族身份的家族成员（Gomez-Mejia and Moyano-Fuentes，2007）。公司的创新活动对资金的需求量更大，失败的投资意味着会给企业带来严重的损失。这种严重的战略失误会直接导致家族成员的关键地位不保，甚至失去家族控制权以及影响地位。因此，为了保护重要岗位上的家族成员，企业对于创新投资类项目决策会避险趋守，减少创新性、先动性和自主性的行为。

家族企业中家族成员担任重要职位是家族控制最常见的形式，董事长、CEO或高管等重要岗位人员通常都是企业的家族成员。由于内部权力积累等复杂因素，家族成员在家族企业发展过程中制定的一系列战略决策愿意表现出利他主义（Berrone et al.，2012），表现出信任家族成员（Cruz et al.，2012），哪怕其能力相比于外部职业经理人可能较弱，这样企业也更为集权，目的是保证家族成员在企业中的核心地位。

家族成员并非完全都是利他、无私、不注重金融及财务事件（Berrone et al.，2010），家族成员之间也经常会出现一些矛盾和冲突（贺小刚，2010）。家族企业同样存在道德风险，如家族雇用的职业经理人为了追求自身的利益，甚至不顾或者抛弃家族和企业的长期目标，拒绝创新，不进行创新和先动性的投资行为。由于家族企业中家族成员存在着情感关系，家族企业的领导者甚至不能及时地蒲鞭示辱。家族控制意愿越强，控制权集中在家族成员手中的越多，其投资的意愿受家族承担创新所带来的成本和风险的影响越大。为了使重要岗位上家族成员得到保障，能力强的人也会成为维护家族内部和谐稳定的牺牲品，且不进行更大规模的创新。当家族成员因一己之私损害企业利益时，家族企业也不会像普通企业那样直接解除其劳动关系。

基于上述论证，提出以下研究假设：

H3：家族控制意愿在继任者创业导向与企业成长间起调节作用。

H3a：家族控制意愿负向调节创新性维度与企业成长的关系。

H3b：家族控制意愿负向调节先动性维度与企业成长的关系。

H3c：家族控制意愿负向调节自主性维度与企业成长的关系。

H4：家族控制意愿在继任者创业导向与家族成长间起调节作用。

H4a：家族控制意愿负向调节创新性维度与家族成长的关系。

H4b：家族控制意愿负向调节先动性维度与家族成长的关系。

H4c：家族控制意愿负向调节自主性维度与家族成长的关系。

4.4.2　家族传承意愿对继任者创业导向与家族企业成长的调节效应

从长期来看，当家族企业有传承想法时，企业主开始为后代维持公司业务创造职业发展的机会，进而确保家族资产的保值增值，其中最重要的目标是将一个具有价值创造力的公司留给下一代（Zellweger et al.，2011）。家族擅长制定长期的战略目标，以此来增加企业的创新性、先动性和自主性活动。

投入就是博弈，创新和先动标志着投入的增加（Gomez-Mejia et al.，2013），那么这场博弈未来的结果具有收益和亏损两种可能性。行为理论表示，从短期来看，企业由于风险厌恶会减少投入。然而，从长期来看，在企业主做出长期决策之前，会权衡其潜在的盈亏。各种利益通过企业的投入行为获得，企业的创新研发投入可以促进企业创新，保持企业在该行业的竞争力，使企业长久发展、生生不息。企业的动态能力和优秀的研发能力对于一个企业是相得益彰的，其意味着企业的创新性和先动性行为可以增加企业生存的弹性，使其适应复杂的外部环境，这些能力也保护着家族社会情感财富（Gomez-Mejia and Moyano-Fuentes，2007）。成功的创新项目投入不仅带来了经济绩效，还使家族企业主的地位和荣誉增加，以及家族社会情感财富增加，这是企业主希望看到的最好结果。

代代传承可以实现家族企业持续履行家族义务、保持家族体系永续不朽、保持家族价值观延续的目的（Chua et al.，2003）。从长期来看，创新性和先动性的投入、企业创新能力的增强、不断更新的技术变革可以使企业动态能力得到保持。创新投入刚好满足了代际传承使家族企业有更长远的战略打算的意愿，是可以为企业带来长期竞争优势的战略决策。因此，家族企业的代际传承意愿会促使企业从事更多创新性和先动性的企业投资，从内部自主和外部自主方面扩大自主权。

基于上述论证，提出以下研究假设（本书的研究假设汇总如表4-2所示）：

表4-2　研究假设汇总

序号	编号	研究假设
1	**H1**	**继任者创业导向对家族企业的企业成长具有正向影响**
2	H1a	创新性维度对家族企业的企业成长具有正向影响
3	H1b	先动性维度对家族企业的企业成长具有正向影响
4	H1c	自主性维度对家族企业的企业成长具有正向影响
5	**H2**	**继任者创业导向对家族企业的家族成长具有负向影响**
6	H2a	创新性维度对家族企业的家族成长具有负向影响
7	H2b	先动性维度对家族企业的家族成长具有负向影响
8	H2c	自主性维度对家族企业的家族成长具有负向影响
9	**H3**	**家族控制意愿在继任者创业导向与企业成长间起调节作用**
10	H3a	家族控制意愿负向调节创新性维度与企业成长的关系
11	H3b	家族控制意愿负向调节先动性维度与企业成长的关系
12	H3c	家族控制意愿负向调节自主性维度与企业成长的关系
13	**H4**	**家族控制意愿在继任者创业导向与家族成长间起调节作用**
14	H4a	家族控制意愿负向调节创新性维度与家族成长的关系
15	H4b	家族控制意愿负向调节先动性维度与家族成长的关系
16	H4c	家族控制意愿负向调节自主性维度与家族成长的关系
17	**H5**	**家族传承意愿在继任者创业导向与企业成长间起调节作用**
18	H5a	家族传承意愿正向调节创新性维度与企业成长的关系
19	H5b	家族传承意愿正向调节先动性维度与企业成长的关系
20	H5c	家族传承意愿正向调节自主性维度与企业成长的关系
21	**H6**	**家族传承意愿在继任者创业导向与家族成长间起调节作用**
22	H6a	家族传承意愿正向调节创新性维度与家族成长的关系
23	H6b	家族传承意愿正向调节先动性维度与家族成长的关系
24	H6c	家族传承意愿正向调节自主性维度与家族成长的关系

H5：家族传承意愿在继任者创业导向与企业成长间起调节作用。

H5a：家族传承意愿正向调节创新性维度与企业成长的关系。

H5b：家族传承意愿正向调节先动性维度与企业成长的关系。

H5c：家族传承意愿正向调节自主性维度与企业成长的关系。

H6：家族传承意愿在继任者创业导向与家族成长间起调节作用。

H6a：家族传承意愿正向调节创新性维度与家族成长的关系。

H6b：家族传承意愿正向调节先动性维度与家族成长的关系。

H6c：家族传承意愿正向调节自主性维度与家族成长的关系。

4.5 继任者创业导向、社会情感财富与家族企业跨代成长关系实证模型

根据前文对继任者创业导向、社会情感财富、家族企业跨代成长间关系的分析，构建了本书的实证模型（见图4-2）。

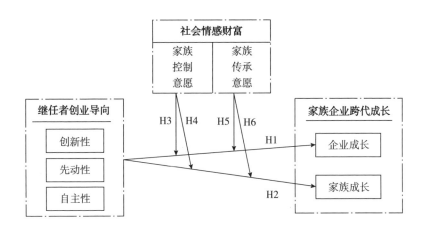

图 4-2 继任者创业导向与家族企业跨代成长关系实证模型

首先，继任者创业导向对家族企业的企业成长具有正向影响，具体的影响效果体现在继任者创业导向的创新性、先动性和自主性三个维度会分

别对企业成长产生影响。

其次，继任者创业导向对家族企业的家族成长具有负向影响，具体的影响效果体现在继任者创业导向的创新性、先动性和自主性三个维度会分别对家族成长产生影响。

再次，社会情感财富会调节继任者创业导向与企业成长间的关系，这种调节体现在家族控制意愿和家族传承意愿会分别对创业导向与企业成长间的关系产生影响。

最后，社会情感财富会调节继任者创业导向与家族成长间的关系，这种调节体现在家族控制意愿和家族传承意愿会分别对创业导向与家族成长间的关系产生影响。

第**5**章

研究设计

在研究中获得科学结论的关键在于形成严谨的研究方法和制定规范的研究流程。学术界研究人员对于研究过程中如何结合定量分析法和定性分析法十分关注。美国《管理科学季刊》提出，以充足的文献进行规范的理论研究和使用科学方法进行实践验证，是进行家族企业跨代创业成长研究所必需的两个条件。在研究过程中获取和发现具有价值的结论，需设计全面有效的调查问卷，通过科学的方式完成调查任务，运用合理的调查方法获得数据，并对这些数据进行分析（马国庆，2006）。

为了全面验证前文提出的假设，本章介绍了调查问卷设计、变量设计和测量指标选取，为后续实证分析打牢研究基础。

5.1 问卷设计

问卷调查法是管理学中普遍应用的一种方法，其作为一种有效的数据收集方法，主要优点包括成本较低、获得的数据量较大、数据质量较好。精准、有效的调查问卷可以提高样本信息收集的质量，使样本信息能够为开展研究提供帮助。由此可见，设计问卷是否科学、有效，直接关系研究数据信息的真实性与完整性。

5.1.1 问卷内容

问卷调查内容直接关乎研究人员所获得的具体信息，并对研究结果形成影响。问卷结果的质量与问卷题目、选项、组成和出现的先后顺序均有关联，这意味着首先在设计问卷内容时，需基于受访人员所在环境、对应的问卷问题与提问方式，尽量满足家族企业内部管理和继任者传承的实际需要，以确保受访人员可以充分理解并真实有效地进行问卷填写。其次，在设定问卷内容时，各问题均需采用一定技巧进行提问，如问题具有一定敏感性，则可采用较为缓和的语气进行提问。最后，根据受访人员所处企业的行业特征、区域特征和受教育程度不同等情况，在调查研究时，需考虑排除背景影响。

本次调查需研究与家族企业继任者相关的创业导向的创新性、先动性和自主性三个维度与家族企业的企业成长和家族成长之间的关系，以及社会感情财富的两个维度即家族控制和家族传承意愿的调节作用。具体来说，本书的调查问卷主要包含以下四个方面的内容：其一，涉及家族企业继任者创业导向的内容，包括创新性维度、先动性维度和自主性维度等信息的调研；其二，涉及家族企业跨代成长的内容，包含家族成长和企业成长等方面信息的调研；其三，涉及家族企业社会情感财富的内容，包括家族控制意愿和家族传承意愿等方面信息的调研；其四，涉及家族企业继任者的基本情况和家族企业本身的情况，如受访者的性别、年龄、职务、学历、担任职位的年龄及时间、海外经历、企业所处行业、受访企业的大小、所在地区等信息。

5.1.2 调查问卷的设计过程

在进行问卷设计时，需以问卷价值和问卷科学性作为设计导向，确保指标选择、量表信度、效度检验等符合需要。从整体角度而言，问卷设计质量直接关乎本次研究是否成功，研究人员需基于问卷设计原则形成高质量的调查问卷。马国庆（2006）在研究中认为，问卷调查需根据研究目标制定框架，并结合研究对象特征完成问卷设计，以尽量获取更为真实的信息。谢家琳（2008）认为，可按照下述步骤完成问卷设计：

第一，梳理已有文献，借鉴成熟量表。陈晓萍（2008）指出，现有量表已经过实践论证，无论是信度还是效度都能够满足研究需要，同时认为在问卷设计时，可阅读与家族企业相关的文献内容，对学术界现有与家族企业创业导向相关的观点进行梳理，按照本次研究对应目的探讨文献中的研究方向以及量表元素，进而选用合理的变量测量方式，形成可用于探究的问题。在问卷设计过程中，需重点关注与变量相关的操作化定义，即将具有一定抽象性的概念变换为可量化的内容，采用量化指标对问题作出分析或对事物作出定义。本书研究结合学术界主流且常用的研究量表，同时根据本次问卷调查的目的和研究方向，选择合适的变量指标，以确保问卷调查有效性。

第二，询问权威专家意见。在开展研究时，需关注现有量表可能在文化环境、时间效应以及语言组织等方面存有局限（陈晓萍，2008）。这就需要在问卷设计过程中，与业内专家、指导老师、企业家以及其他有关人士进行交流，探讨问卷设计标准和对应指标，对问卷初稿中存在的题目意思混乱、语义不明、选项不合理、问题出现顺序不科学等问题作出修正，以确保问卷结论的有效性。

第三，采取小范围预调研。在正式开展调查之前，问卷可能仍在语句、语义、题项选择、内容等方面存有一定不足。因此，在大范围进行问卷调查前，可在小范围作出预调研，以提高调研质量。本书研究中预调研的对象为内蒙古家族企业人员，在预调查之后，整理出容易出现含义偏差、概念歧义的内容，对部分语言作出修改，对部分题项作出调整，并形成调查问卷终稿。

5.2　变量设计和测量指标选取

本书的相关变量指标包括家族企业继任者创业导向（包括创新性、先动性和自主性）、社会情感财富（包括家族控制意愿和家族传承意愿）、家族企业跨代成长（包括家族成长和企业成长）。由于本书研究方向具有一定独特性，本次结合问卷调查法获得相关数据，同时在研究过程中借鉴 Delmas 和 Toffel（2008）以及 Gulati 等（2005）的观点，结合主观感知形成测量量表。目前，管理学中主流研究的量表与评估方式主要可以分为五分制、七分制两种，而在调查研究中，一般采用七分制开展题项评估，其中"7"意为"十分同意"，"4"意为"一般同意"，

"1"意为"非常不同意"。

5.2.1 被解释变量

本书将家族企业成长作为被解释变量。在前述章节中已表述了家族企业成长的维度，即包括企业成长和家族成长两个方面。

学术界将"企业成长"的概念定义为企业在动态发展中所实现的量增加与质变的过程。国内外学术界对企业成长的评价指标已作出很多研究，相关学者对企业成长进行评价的指标如表5-1所示。

表5-1　相关学者企业成长衡量指标

序号	学者	衡量指标
1	Hubbard 和 Bromiley（1995）	销售额增长率
2	Donckel 和 Lambrecht（1995）	员工人数
3	Ardishvili 等（1997）	销售收入、雇用工人数、资产情况、能力、市场份额和利润额
4	Kaplan 和 Norton（1992）	企业的销售额、投资回报和利润率等
5	杨立峰等（2006）	资产规模、企业净资产、产品销售额、市场占有率、股票市值等
6	龚丽敏（2012）、安维东（2016）	企业的销售额、企业员工数量、企业所得的利润及企业总资产等
7	刘小元等（2017）	采用销售额增长率、净利润增长率、固定资产增长率、总资产增长率、雇员增长率、市场份额增长率
8	Zahra 等（2002）	企业利润率、销售额增长率、市场份额增长率、新产品服务的成功率和顾客满意度

资料来源：根据相关文献整理。

总体而言，学术界主流使用的与企业成长相关的评价指标主要包括资本资产、销售收入、利润规模、市场份额、员工人数、业务多元化等，本书研究参照龚丽敏（2012）和安维东（2016）设计的企业成长量表，并根据家族企业经营管理特征明确衡量指标，如表5-2所示。

表5-2　企业成长衡量指标

序号	衡量指标
1	继任后本企业资产规模增长程度
2	继任后本企业雇员人数增长程度
3	继任后本企业销售额增长程度
4	继任后本企业所得利润增长程度
5	继任后本企业主导产品市场份额增长程度

资料来源：根据相关文献整理。

当前文献主要从企业成长的角度对家族企业作出衡量，这并不符合家族企业实际成长发展特征。家族企业受家族和企业两部分影响，其成长也同样是家族与企业共同作用的结果。家族企业成长还应包括伴随着企业的发展和成长，家族对于企业的控制力的增强，家族内部成员间关系的和谐、融洽，以及家族内部成员在企业中得到更多的锻炼和发展的机会（李新春、刘丽，2008）。

国内外相关学者对家族成长进行了研究，部分学者对于家族成长的衡量指标如表5-3所示。

表5-3　家族成长衡量指标

序号	学者	衡量指标
1	Rosenblatt（1991）	收入良好、关系和谐、成员健康成长
2	Habbershon 等（1997）	家族和谐与和睦、成员成长、家族对企业的控制力
3	Sorenson（1999）、代吉林等（2015）	家族独立自主性与满意度、家族亲密程度、社区尊重度以及孩子与企业兼顾发展

资料来源：根据相关文献整理。

本书参照 Habbershon 等（2002）设计的家族成长量表，采用四个题项以评价家族成长，如表5-4所示。

表 5-4　家族成长衡量指标

序号	衡量指标
1	家族成员间彼此满意度
2	和家人团聚、相处的时间
3	家族其他成员在企业业务中的机会
4	家族对企业的控制力

5.2.2　解释变量

本书对应的解释变量为家族企业继任者创业导向，具体测量方向包括三部分，即创新性、先动性和自主性。结合家族企业的特殊性，根据本书研究的内容，使用 12 个题项，分别从创新性、先动性和自主性三个维度来衡量继任者创业导向。这些题项如表 5-5 所示。

表 5-5　继任者创业导向衡量指标

序号	潜变量	衡量指标
1	创新性	对现有产品线或服务的改造程度
2		对新产品线或服务的开发频率
3		企业研发投入占销售总额的比重
4		对新技术与知识培训工作非常及时
5	先动性	持续关注市场需求变化趋势，识别和预测顾客未来需要
6		在本行业中倾向于率先引入新产品、新服务
7		在本行业中倾向于率先开发新市场领域
8		在本行业中倾向于率先引入先进管理理念
9	自主性	允许一些部门或团队独立自主开展工作提高企业创造力
10		允许个人或团队自由提出、实施和完成新的创意和思想
11		授予基层部门或团队足够自主权以利用市场或技术机会
12		采用多种举措持续支持推动新产品开发的个人或团队

本书在量表的开发过程中，主要参考了 Covin 和 Slevin（1989）将创业导向分为创新性、先动性和风险承担性三个维度的量表，李丹（2007）

将创业导向分为创新性、冒险性、竞争侵略性和先动性四个维度的量表，以及孙明海（2011）将创业导向分为创新性、风险承担性、先动性、竞争侵略性和自主性五个维度的量表。

5.2.3 调节变量

社会情感财富是本书的调节变量。基于前文的文献梳理和理论分析，本书从两个方面测量社会情感财富，即家族控制意愿和家族传承意愿两个维度。在现有学术文献中，已有部分学者基于代理指标的方式，对社会情感财富作出客观评价。

周立新（2018）、周立新和杨良明（2018）借鉴 Berrone 等（2012）、Debicki（2012）、Van De Kerkhof 等（2015）的成果，结合中国情境进行修正，对家族控制意愿和家族传承意愿两个维度进行测量，利用"企业大多数股份由家族成员所有、战略决策权由家族成员掌控、关键管理岗位由家族成员担任、非家族经理和董事会人员由家族成员任命、保持企业家族控制和独立性"五个题项测量家族控制意愿，并利用"保持企业家族传统和家族特征、创造和保存家族成员的工作机会、家族所有者不可能基于短期标准评估其投资、家族成员不考虑出售家族企业、将成功企业传递给下一代家族成员"五个题项测量家族传承意愿。量表的 Cronbach's Alpha 值分别为 0.884 和 0.821，量表信度较好。

朱沆等（2016）对如何衡量家族企业中的家族控制程度进行分析，具体题项包括"家族在家族企业中的占股超过50%""家族成员具有家族企业战略管理决策权""家族成员控制家族企业中的核心岗位"。量表的 Cronbach's Alpha 值为 0.80，量表具有较好的信度。家族传承意愿以"由家族后辈接管企业"和"由家族后辈继承企业股权，但并不在企业任职"两个选择作为衡量的重点。

本书参照 Berrone 等（2012）、Debicki（2012）、Van De Kerkhof 等（2015）、周立新（2018）以及朱沆等（2016）的文献观点，对社会情感财富从家族控制意愿和家族传承意愿进行测量，具体测量题项如表5-6所示。

表5-6　社会情感财富衡量指标

序号	潜变量	衡量指标
1	家族控制意愿	企业大多数股份由家族成员所有
2		战略决策权由家族成员掌控
3		关键管理岗位由家族成员担任
4		保持企业家族控制和独立性
5	家族传承意愿	保持企业家族传统和家族特征
6		创造和保存家族成员工作机会
7		家族成员不考虑出售家族企业
8		将成功企业传递给下一代家族成员

5.2.4　控制变量

学术界通常认为家族企业成长的控制变量可以分为企业家个人和家族企业两部分，其中前者变量包括企业家性别、年龄、职位、接替家族企业现任职位时的年龄、文化程度、是否具有留学背景等，以评价个体特征对于家族企业创业导向的影响。通常个体知识结构完善程度、综合能力强弱、所拥有的资源多少，对个体学习水平提升和绩效提高具有一定影响，但这并非本书关注的重点。本书将继任者年龄视为主要变量，同时试图将企业规模和行业属性作为控制变量，一般情况下企业生产经营规模越大，则意味着资源基础越好，创新投入也越大，而生产经营规模较小的企业也可以凭借灵活性优势开展创新。因此，企业规模对于企业创新导向的影响需进一步探究。同时，不少研究文献将企业经营规模视为主要控制变量，以业绩收入、员工数量、资产资本等作为衡量指标。而本书选择以员工数量作为衡量指标，将企业规模视为研究过程中的控制变量。

行业属性是决定企业成长能力的重要因素，不同行业的企业由于行业特点的不同，会有不同的指标。如果控制同行业的样本比对，结论的可靠性将大大提高。有鉴于此，本书拟将企业行业作为研究的重要控制变量之一。

5.3 问卷预测试

问卷预测试是指在正式的大规模调研前，为了避免因问卷个别语句上的歧义引起受访者对同一问题的理解存在偏差，从而导致问卷不能准确地反映要测试的问题，我们对符合调研对象特征并具有一定代表性的受访者进行先期的面对面初步调研，以便能够对问卷题项内容进行适当的修订和调整，保证问卷题项的准确性、统一性和易读性。为了保证预测试能够较为精确地了解家族企业继任者的真实态度，本书的预测试采取面谈访问并填写纸质问卷的方式进行，以保证能够得到质量较高的问卷信息。当完成测试并收回问卷后，再对问卷的数据进行处理，对于部分不符合要求的问卷进行剔除，以免干扰研究结果，这就要求研究人员在进行完测试的调研之后要仔细校对受访者填写的内容，以防无效问卷影响研究结果。

在进行预测试时，为了使被调查者能够较为顺畅地回答问卷，能够快速明了问卷内容，在测试提问时将避免使用过多的专业术语。在问卷内容上，首先把继任者创业导向作为第一个测量单元，这样可以较为直接地引导受访者进入问卷主题，其次分别是社会情感财富和家族企业成长的测量单元，问卷的最后对家族企业继任者及其企业的基本情况进行测量。在具体进行测试时，为了使受访者能够更好地理解题项的含义，研究人员协助受访者理解题项并对题项进行解释，以便接下来可以用更易于理解的语句编辑问卷题项。例如，在对"继任者创业导向"题项进行测量前，研究人员先对"创业导向"这个概念进行阐述和说明，以便家族企业继任者能更好地理解"创业导向"的含义，这样一方面方便其作答，另一方面可以记录其对问题理解的偏差，为后期修订问卷题项做准备。各个题项的测项均采用 Likert-7 级量表来测量，符合程度由低到高来反映家族企业继任者的意见，从而能够在一定程度上避免纯粹封闭式问答引起的歧义和不准确。

为了完成此次预测试，在研究过程中选择了内蒙古和北京地区符合条件的家族企业进行了调研，历时三个月，完成了 20 份调研问卷的发放，但是其中有 2 份问卷由于被调查者对问题理解有偏差造成填写不清，没有达到问卷的实际效果，因此最终这 2 份问卷被舍弃。之后，结合填写问卷过程中被调研对象的反馈意见和调研的实际效果，对问卷内容进行逐句逐项修订、核对、校验，完全确认无误后，打印问卷并制作电子问卷，发放给相关家族企业继任者，开始进行正式调研。

第**6**章
数据分析与讨论

本章利用统计分析方法对搜集到的问卷数据进行处理分析并讨论分析结果，首先描述了问卷发放和回收的过程，其次分别对数据进行了描述性统计分析、对问卷量表的信度和效度进行验证和分析评估、对样本数据各变量的相关性进行统计分析、对假设的主效应和调节效应进行回归分析以检验所提出的假设，最后在列示实证分析结果之后，详细讨论并分析了实证检验结果的原因。

6.1 描述性统计分析

6.1.1 调查问卷的发放和回收

本书以实现代际传承的家族企业继任者为研究对象，即家族企业子女担任企业的董事长或者总经理。受访对象主要包括长三角、珠三角、京津冀、东北及内蒙古等地区的家族企业继任者，问卷主要用于分析继任者的创业导向与家族企业跨代成长的关系、社会情感财富对继任者创业导向与家族企业跨代成长关系的调节作用。问卷调研数据搜集过程包括两个阶段：第一阶段为问卷的预调研阶段，主要目的是检验问卷量表的可用性和准确性，为下一步大规模调研做准备；第二阶段即在第一阶段的预调研基础上修订问卷量表并进行正式的问卷调研。

2019 年 7 月 1 日至 9 月 30 日进行了第一阶段的预调研，本次预调研采取面对面发放纸质问卷的方式，主要是为了方便能够对问卷量表的内容进行解释和说明，同时也可以与受访者进行沟通和交流。由于地域和时间的限制，本次预调研主要选择了内蒙古及北京地区的家族企业继任者进行初始的预测试。在此阶段共计完成了 20 份纸质问卷的发放和回收工作，最终收回了有效问卷 18 份，占发放总数的 90%。由于该阶段预调研的主要目的是检验问卷量表的可用性和准确性，并局限于问卷数量的有限性，我们未对该阶段问卷的样本数据进行详细统计分析，只是根据面对面调研访谈过程中受访者的反馈和意见对样本数据进行简单的处理分析，对问卷中量表的问题进行修订和调整。

在第一阶段工作的基础上，进行了第二阶段的大规模正式问卷发放。此阶段主要通过清华大学"YES 青年商业领袖计划"（该计划主要面向青年商业精英，旨在培养未来商业领袖人才）培训班、创业黑马学院和内蒙古高校及部分北京高校 MBA 的老师和学员定向推荐符合条件的调查对象来进行。

为了保证问卷回收的可能性和回收问卷数据的可靠性，本次调研问卷设计了纸质和电子两种形式，两种形式的问题题项及顺序完全相同。为保证问卷回收的有效性，提高问卷的回收率，问卷采用线上、线下相结合的方式进行发放，线下主要进行面对面纸质问卷发放，线上采用电子邮件和网络通信工具发放。正式的问卷发放从 2019 年 10 月开始，前后共计两个多月，合计定向发放问卷 336 份，经过筛选、剔除，得到有效问卷 212 份，有效问卷回收率为 63.1%。正式调研问卷的发放和回收统计情况如表 6-1 所示。

表 6-1　问卷发放和回收统计

问卷发放方式	发放问卷数量（份）	回收问卷数量（份）	删除问卷（份）	有效问卷数量（份）	问卷回收率（%）	有效问卷回收率（%）
实地发放问卷	32	32	2	29	100.00	90.63
网络发放问卷	235	157	23	134	66.81	57.02
电子邮件问卷	69	53	7	49	76.81	71.01
合计	336	242	32	212		

6.1.2　被调查对象个人特征的描述性统计分析

本书首先对调查对象的性别分布情况进行了描述性统计（见表6-2），其中，男性受访者占68.9%，女性占31.1%。从总体上来看，家族企业继任者中的男性多于女性。

表6-2　性别的描述性统计

性别	频数	占比（%）	累计占比（%）
男	146	68.9	68.9
女	66	31.1	100

表6-3显示的是调查对象担任现有职位时年龄的描述性统计。从描述性统计结果中可以看出，家族企业继任者接班时的年龄分布在31~35岁最多，25岁以下很少，26~35岁占比62.8%，这说明家族企业继任者接班时为青年的占大多数。

表6-3　担任现有职位时年龄的描述性统计

年龄	频数	占比（%）	累计占比（%）
25岁以下	18	8.5	8.5
26~30岁	65	30.7	39.2
31~35岁	68	32.1	71.3
36~40岁	53	25	96.3
41岁以上	8	3.7	100

表6-4显示的是调查对象已担任现有职位时间的描述性统计。从描述性统计结果中可以看出，家族企业继任者接班时间少于5年的占比为76.5%，这说明家族企业继任者普遍接班时间不长。

在受教育程度上（见表6-5），家族企业继任者的学历普遍较高，其中硕士及以上学历的占比最高，为54.7%，大专及以下学历的仅占比9.9%。

表 6-4　已担任现有职位时间的描述性统计

时间	频数	占比（%）	累计占比（%）
5 年以下	162	76.5	76.5
6~10 年	41	19.3	95.8
11 年以上	9	4.2	100

表 6-5　受教育程度描述性统计

受教育程度	频数	占比（%）	累计占比（%）
高中及以下	3	1.4	1.4
大专	18	8.5	9.9
本科	75	35.4	45.3
硕士和博士	116	54.7	100

在被调查对象中有 88.2% 的人没有海外留学或者工作经历（见表 6-6）。

表 6-6　海外留学或者工作经历的描述性统计

海外留学或者工作经历	频数	占比（%）	累计占比（%）
否	187	88.2	88.2
是	25	11.8	100

综上所述，家族企业继任者主要呈现出以高学历、26~35 岁、接任现有职位时较为年轻、接任时间不长的男性为主体的特征。

6.1.3　被调查企业特征的描述性统计分析

表 6-7 显示的是被调研企业所属行业分布。在调查企业所属行业方面，本书研究包含的行业种类有互联网、电子商务、金融业、服务业、房地产业、制造业、农业以及其他行业，其中互联网、电子商务、金融业、服务业、房地产业以及其他行业占比最大（为 71.2%），说明家族企业所处行业基本属于第三产业。

表 6-7　企业所属行业分布

行业	频数	占比（%）	累计占比（%）
互联网、电子商务、金融业、服务业、房地产业、其他	151	71.2	71.2
制造业	45	21.2	92.4
农业	16	7.6	100

表 6-8 显示的是被调研企业规模情况，企业规模是反映企业发展状况的一个非常重要的因素。通过描述性统计发现，在本书的样本中，企业的规模主要集中在 200 人以下，即大部分企业规模较小。

表 6-8　企业规模分布

雇员人数	频数	占比（%）	累计占比（%）
50 人及以下	77	36.3	36.3
51~100 人	38	17.9	54.2
101~200 人	31	14.6	68.8
201 人及以上	66	31.2	100

表 6-9 显示的是被调研企业每年招聘人数情况，每年招聘人数也是反映企业发展情况的一个重要因素。通过数据可见，每年招聘 50 人以下的企业最多，占比为 87.3%，说明公司人数基本饱和，企业处于平稳发展阶段。

表 6-9　企业每年招聘人数分布

人数	频数	占比（%）	累计占比（%）
20 人以下	152	71.7	71.7
21~50 人	33	15.6	87.3
51~100 人	13	6.1	93.4
101 人以上	14	6.6	100

6.1.4 变量的描述性统计分析

对样本数据进行整理之后，还需要对样本数据的基本特征、分布情况做进一步的分析和考察，以了解样本数据的均值、标准差等指标特征，从而可以更直观地观察样本数据的分布情况，即对样本数据进行描述性统计分析，以便为下一步的统计分析做好准备工作。在对本书所提出的研究假设进行正式检验之前，本部分对前述概念模型中所涉及的变量进行了描述性统计分析。运用 SPSS 22.0 对各变量及具体测量题项的均值和标准差进行了计算，各变量的描述性统计分析如表 6-10 所示。

表 6-10 变量的描述性统计分析

	N	极小值	极大值	均值		标准差	偏度		峰度	
	统计量	统计量	统计量	统计量	标准误	统计量	统计量	标准误	统计量	标准误
创新性1	212	1	7	4.79	0.098	1.432	-0.216	0.167	-0.203	0.333
创新性2	212	1	7	4.73	0.106	1.539	-0.289	0.167	-0.476	0.333
创新性3	212	1	7	4.07	0.117	1.705	0.047	0.167	-0.695	0.333
创新性4	212	1	7	4.67	0.105	1.532	-0.284	0.167	-0.479	0.333
先动性1	212	1	7	5.30	0.096	1.399	-0.636	0.167	0.011	0.333
先动性2	212	1	7	4.89	0.109	1.584	-0.477	0.167	-0.402	0.333
先动性3	212	1	7	4.86	0.107	1.562	-0.463	0.167	-0.278	0.333
先动性4	212	1	7	5.00	0.103	1.499	-0.588	0.167	-0.046	0.333
自主性1	212	1	7	5.03	0.104	1.519	-0.663	0.167	-0.012	0.333
自主性2	212	1	7	5.02	0.105	1.535	-0.469	0.167	-0.362	0.333
自主性3	212	1	7	4.86	0.105	1.524	-0.351	0.167	-0.360	0.333
自主性4	212	1	7	4.78	0.106	1.549	-0.444	0.167	-0.224	0.333
家族控制意愿1	212	1	7	5.14	0.112	1.631	-0.739	0.167	0.022	0.333
家族控制意愿2	212	1	7	5.26	0.112	1.630	-0.876	0.167	0.151	0.333
家族控制意愿3	212	1	7	5.07	0.116	1.685	-0.693	0.167	-0.242	0.333
家族控制意愿4	212	1	7	5.17	0.107	1.556	-0.820	0.167	0.353	0.333

续表

	N	极小值	极大值	均值		标准差	偏度		峰度	
	统计量	统计量	统计量	统计量	标准误	统计量	统计量	标准误	统计量	标准误
家族传承意愿1	212	1	7	5.00	0.113	1.639	-0.638	0.167	-0.229	0.333
家族传承意愿2	212	1	7	4.89	0.115	1.671	-0.496	0.167	-0.468	0.333
家族传承意愿3	212	1	7	5.22	0.114	1.659	-0.666	0.167	-0.439	0.333
家族传承意愿4	212	1	7	5.36	0.112	1.624	-0.949	0.167	0.329	0.333
企业成长1	212	1	7	4.79	0.095	1.379	-0.225	0.167	-0.094	0.333
企业成长2	212	1	7	4.56	0.092	1.346	-0.222	0.167	0.082	0.333
企业成长3	212	1	7	4.71	0.094	1.363	-0.319	0.167	0.058	0.333
企业成长4	212	1	7	4.59	0.093	1.358	-0.162	0.167	-0.044	0.333
企业成长5	212	1	7	4.66	0.092	1.345	-0.212	0.167	0.131	0.333
家族成长1	212	1	7	4.68	0.093	1.352	-0.152	0.167	0.075	0.333
家族成长2	212	1	7	4.19	0.105	1.534	0.060	0.167	-0.482	0.333
家族成长3	212	1	7	4.56	0.096	1.391	-0.182	0.167	-0.128	0.333
家族成长4	212	1	7	5.25	0.099	1.438	-0.677	0.167	0.187	0.333
性别	212	0	1	0.69	0.032	0.464	-0.821	0.167	-1.339	0.333
学历	212	1	4	3.43	0.049	0.709	-1.093	0.167	0.738	0.333
担任职务年龄	212	11	50	32.85	0.37	5.381	-0.203	0.167	1.021	0.333
担任职务时间	212	1	31	4.67	0.261	3.798	2.741	0.167	12.571	0.333
海外经历	212	0	1	0.12	0.022	0.323	2.386	0.167	3.729	0.333
企业所属行业	212	1	3	2.65	0.042	0.61	-1.526	0.167	1.202	0.333
企业规模	212	1	50000	831.18	281.434	4097.742	10.064	0.167	110.698	0.333
每年招聘人数	212	0	5000	61.74	24.264	353.282	13.178	0.167	183.382	0.333

由表6-10可知，7个主要变量测量题项的极小值为1，极大值为7，均值为4.07~5.36，这说明被调研对象的回答是有差异的；各变量测量题项的标准差为1.345~1.705，说明被调研对象对问题打分的波动幅度不大；各变量的均值未出现明显的异常值且样本近似服从正态分布，数据分布较为合理，可以进行后续分析。

6.2　相关量表的信度和效度分析

利用调研问卷进行统计分析时，为了保证问卷题项合理，确保问卷及所列题项有意义，问卷所搜集到的数据真实可信，数据分析的结果能够验证研究结论，需要对问卷量表的信度和效度进行分析，也是问卷分析的第一步。因此，本节将对量表进行信度和效度的检验，以验证继任者创业导向、社会情感财富、家族企业成长量表的一致性。

6.2.1　相关量表的信度分析

内部信度是当前研究中学者们经常使用的检验量表一致性的方法，内部信度法采取 Cronbach's Alpha 值大小来进行信度辨别。通常情况下，Cronbach's Alpha 值达到 0.9 时属于高信度水平，0.7 以上说明信度水平尚可。本书沿用前人的研究结论，认为该值在 0.7 以上则说明量表内部各题项之间有较好的一致性。

当 Cronbach's Alpha 值低于标准值时，就需要对影响量表整体信度水平的某个题项作出分析，并剔除潜在的降低信度水平的题项，这被称为量表净化过程。剔除题项要参考两个标准：一是观察校正的项总计相关性（CITC），二是观察剔除题项后量表的 Cronbach's Alpha 值。当题项和整体的相关性（CITC）小于 0.3 且删除相应题项后 Cronbach's Alpha 值变大时，说明整体的信度水平提高，量表得到"净化"。

6.2.1.1　继任者创业导向量表信度分析

继任者创业导向各量表的信度如表 6-11 所示。继任者创业导向量表共包括 3 个维度，每个维度各包括 4 个题项，共 12 个题项，Cronbach's Alpha 值为 0.936，其中，继任者创业导向的创新性维度的 Cronbach's Alpha 值为 0.838，先动性维度的 Cronbach's Alpha 值为 0.873，自主性维度的 Cronbach's Alpha 值为 0.894，均大于 0.7，可认为创业导向量表有较好的一致性，且各维度的校正的项总计相关性（CITC）均大于0.3，表明这三个维度下所有的题项均符合量表设计的要求，无须"净化"。

表6-11 继任者创业导向量表的信度分析结果

创业导向					
Cronbach's Alpha		0.936			
基于标准化项的 Cronbach's Alpha		0.936			
项数		12			
构面	题项	题项净化前		题项净化后	
		校正的项总计相关性（CITC）	项已删除的 Cronbach's Alpha	校正的项总计相关性（CITC）	项已删除的 Cronbach's Alpha
创新性	创新性1	0.627	0.814	—	—
	创新性2	0.755	0.757	—	—
	创新性3	0.667	0.799	—	—
	创新性4	0.642	0.807	—	—
	Cronbach's Alpha	0.838		—	
	基于标准化项的 Cronbach's Alpha	0.839		—	
	项数	4		—	
先动性	先动性1	0.643	0.870	—	—
	先动性2	0.779	0.817	—	—
	先动性3	0.777	0.818	—	—
	先动性4	0.720	0.841	—	—
	Cronbach's Alpha	0.873		—	
	基于标准化项的 Cronbach's Alpha	0.872		—	
	项数	4		—	
自主性	自主性1	0.790	0.855	—	—
	自主性2	0.798	0.852	—	—
	自主性3	0.751	0.870	—	—
	自主性4	0.727	0.879	—	—
	Cronbach's Alpha	0.894		—	
	基于标准化项的 Cronbach's Alpha	0.894		—	
	项数	4		—	

6.2.1.2　家族企业成长量表信度分析

本书研究的家族企业成长各量表信度如表6-12所示。家族企业成长量表共包括9个题项，Cronbach's Alpha 值为0.899，其中，企业成长量表的 Cronbach's Alpha 值为0.927，包括5个题项，而家族成长量表的 Cronbach's Alpha 值为0.759，包括4个题项，均大于0.7，可认为家族企业成长量表有较好的一致性，且各维度的校正的项总计相关性（CITC）均大于0.3，表明这两个维度下所有的题项均符合量表设计的要求，无须"净化"。

表6-12　家族企业成长量表的信度分析结果

家族企业成长					
Cronbach's Alpha	0.899				
基于标准化项的 Cronbach's Alpha	0.901				
项数	9				
		题项净化前		题项净化后	
构面	题项	校正的项总计相关性（CITC）	项已删除的 Cronbach's Alpha	校正的项总计相关性（CITC）	项已删除的 Cronbach's Alpha
企业成长	企业成长1	0.785	0.915	—	—
	企业成长2	0.724	0.926	—	—
	企业成长3	0.836	0.905	—	—
	企业成长4	0.860	0.900	—	—
	企业成长5	0.838	0.904	—	—
	Cronbach's Alpha	0.927		—	
	基于标准化项的 Cronbach's Alpha	0.927		—	
	项数	5		—	
家族成长	家族成长1	0.551	0.706	—	—
	家族成长2	0.559	0.702	—	—
	家族成长3	0.718	0.613	—	—
	家族成长4	0.419	0.774	—	—
	Cronbach's Alpha	0.759		—	
	基于标准化项的 Cronbach's Alpha	0.761		—	
	项数	4		—	

6.2.1.3　社会情感财富量表信度分析

本书研究的社会情感财富各量表信度如表 6-13 所示。社会情感财富量表包括两个维度，每个维度包括 4 个题项，Cronbach's Alpha 值为 0.916，其中，家族控制意愿量表的 Cronbach's Alpha 值为 0.897，家族传承意愿量表的 Cronbach's Alpha 值为 0.821，均大于 0.7，可认为创业导向量表有较好的一致性，且各维度的校正的项总计相关性（CITC）均大于 0.3，表明这两个维度下所有的题项均符合量表设计的要求，无须"净化"。

表 6-13　社会情感财富量表的信度分析结果

社会情感财富					
Cronbach's Alpha	0.916				
基于标准化项的 Cronbach's Alpha	0.916				
项数	8				
构面	题项	题项净化前		题项净化后	
		校正的项总计相关性（CITC）	项已删除的 Cronbach's Alpha	校正的项总计相关性（CITC）	项已删除的 Cronbach's Alpha
家族控制意愿	家族控制意愿 1	0.746	0.876	—	—
	家族控制意愿 2	0.780	0.863	—	—
	家族控制意愿 3	0.784	0.862	—	—
	家族控制意愿 4	0.774	0.866	—	—
	Cronbach's Alpha	0.897		—	
	基于标准化项的 Cronbach's Alpha	0.897		—	
	项数	4		—	
家族传承意愿	家族传承意愿 1	0.702	0.748	—	—
	家族传承意愿 2	0.723	0.737	—	—
	家族传承意愿 3	0.566	0.810	—	—
	家族传承意愿 4	0.589	0.799	—	—
	Cronbach's Alpha	0.821		—	
	基于标准化项的 Cronbach's Alpha	0.821		—	
	项数	4		—	

6.2.2　相关量表的效度分析

除了通过信度分析来检验量表的一致性之外，还需通过效度分析来检验量表的聚合程度，本部分将通过对各量表进行因子分析来检验聚合程度，主要采用 KMO 统计量和 Bartlett 球形检验加以判定。当 KMO 值无限接近于 1 时，说明量表的因子分析结果最理想。在实际应用中，KMO 值在 0.9 以上时认为是较好的结果，而当 KMO 值低于 0.7 时，认为量表因子的聚合效果就值得商榷，因此认为 0.7 为 KMO 统计量的临界值。当 Bartlett 球形检验显著且 KMO 值大于 0.7 时，表明该量表适合进行因子分析。此外，一般还需根据因子分析后各项因子的标准载荷水平计算出平均变异抽取量 AVE 值和组合信度 CR 值。AVE 值通常用于反映量表的辨别效度，AVE 值达到 0.5 以上为可接受。CR 主要是检验量表的收敛度，CR 值在 0.7 以上为可接受。

6.2.2.1　继任者创业导向量表的效度分析

本书研究对继任者创业导向量表的效度分析结果如表 6-14 和表 6-15 所示。其中，表 6-14 表明 Bartlett 球形检验结果小于 0.001 的显著性水平（Sig. 为 0.000），且 KMO 值大于 0.9（为 0.924），这说明继任者创业导向量表适合进行因子分析。表 6-15 表明创新性、先动性、自主性均能够自动聚成一类，且成分载荷水平大多达到 0.6 以上。根据各因子的标准因子所计算出的 CR 值分别为 0.810、0.757 及 0.828，均超过 0.7 的临界值，AVE 值分别为 0.518、0.441 和 0.550，虽然先动性的 AVE 值偏低，但是仍可接受，因此，可以认为继任者创业导向量表具有良好的效度水平。

表 6-14　继任者创业导向量表的 KMO 和 Bartlett 检验结果

取样足够度的 Kaiser-Meyer-Olkin 度量		0.924
Bartlett 球形检验	近似卡方	1729.490
	df	66
	Sig.	0.000

表 6-15　继任者创业导向量表的旋转因子载荷结果

创业导向	题项	成分			AVE	CR
		1	2	3		
创新性	创新性 1	0.599	—	—	0.518	0.810
	创新性 2	0.764	—	—		
	创新性 3	0.782	—	—		
	创新性 4	0.720	—	—		
先动性	先动性 1	—	0.529	—	0.441	0.757
	先动性 2	—	0.712	—		
	先动性 3	—	0.721	—		
	先动性 4	—	0.676	—		
自主性	自主性 1	—	—	0.792	0.550	0.828
	自主性 2	—	—	0.835		
	自主性 3	—	—	0.743		
	自主性 4	—	—	0.569		

6.2.2.2　家族企业成长量表的效度分析

本书研究对家族企业成长量表的效度分析结果如表 6-16 和表 6-17 所示。其中，表 6-16 表明 Bartlett 球形检验结果小于 0.001 的显著性水平（Sig. 为 0.000），且 KMO 值大于 0.8（为 0.885），这说明家族企业成长量表适合进行因子分析。表 6-17 表明企业成长、家族成长均能够自动聚成一类，且成分载荷水平大多达到 0.6 以上。根据各因子的标准因子所计算出的 CR 值分别为 0.921、0.803，均超过 0.7 的临界值，AVE 值分别为 0.700、0.512，均超过 0.5 的临界值，因此，可以认为家族企业成长量表具有较好的效度水平。

表 6-16　家族企业成长量表的 KMO 和 Bartlett 球形检验结果

取样足够度的 Kaiser-Meyer-Olkin 度量		0.885
Bartlett 球形检验	近似卡方	1210.570
	df	36
	Sig.	0.000

表 6-17　家族企业成长量表的旋转因子载荷结果

家族企业成长	题项	成分		AVE	CR
		1	2		
企业成长	企业成长 1	0.786	—	0.700	0.921
	企业成长 2	0.734	—		
	企业成长 3	0.885	—		
	企业成长 4	0.903	—		
	企业成长 5	0.864	—		
家族成长	家族成长 1	—	0.571	0.512	0.803
	家族成长 2	—	0.753		
	家族成长 3	—	0.864		
	家族成长 4	—	0.638		

6.2.2.3　社会情感财富量表的效度分析

本书研究对社会情感财富量表的效度分析结果如表 6-18 和表 6-19 所示。其中，表 6-18 表明 Bartlett 球形检验结果小于 0.001 的显著性水平（Sig. 为 0.000），且 KMO 值大于 0.9（为 0.918），这说明社会情感财富量表适合进行因子分析。表 6-19 表明家族控制意愿、家族传承意愿均能够自动聚成一类，且成分载荷水平均达到 0.6 以上。根据各因子的标准因子所计算出的 CR 值分别为 0.884、0.826，均超过 0.7 的临界值，AVE 值分别为 0.655、0.545，均超过 0.5 的临界值，因此，可以认为社会情感财富量表具有较好的效度水平。

表 6-18　社会情感财富量表的 KMO 和 Bartlett 球形检验结果

取样足够度的 Kaiser-Meyer-Olkin 度量		0.918
Bartlett 球形检验	近似卡方	1102.860
	df	28
	Sig.	0.000

表 6-19 社会情感财富量表的旋转因子载荷结果

社会情感财富	题项	成分		AVE	CR
		1	2		
家族控制意愿	家族控制意愿 1	0.866	—	0.655	0.884
	家族控制意愿 2	0.777	—		
	家族控制意愿 3	0.773	—		
	家族控制意愿 4	0.818	—		
家族传承意愿	家族传承意愿 1	—	0.736	0.545	0.826
	家族传承意愿 2	—	0.657		
	家族传承意愿 3	—	0.725		
	家族传承意愿 4	—	0.824		

6.3 Pearson 相关性分析

为了检验继任者创业导向创新性、先动性及自主性等 7 个变量间是否存在较强的相关性，本节利用 Pearson 相关性分析进行检验。通过对各变量的相关性分析可以检验变量之间是否存在共线性问题，同时也能够为下一部分的回归分析消除一些影响。共线性问题是指如果变量 A 和变量 B 之间的线性关系非常强，甚至可以近似用变量 A 来代替变量 B，那么这就会对模型的构建有一定的影响，使得该模型的拟合程度较低，或者说自变量不能很好地解释因变量。

表 6-20 列出了继任者创业导向的创新性、先动性等 7 个变量和控制变量之间的相关性分析结果，结果显示 7 个变量之间存在相关性，相关系数基本都在 0.2~0.8，且无共线性问题，结果较为理想。

表 6-20　Pearson 相关性分析结果

	继任者年龄	企业规模	行业属性	创新性	先动性	自主性	家族控制意愿	家族传承意愿	企业成长	家族成长
继任者年龄	1	—	—	—	—	—	—	—	—	—
企业规模	-0.002	1	—	—	—	—	—	—	—	—
行业属性	0.006	0.046	1	—	—	—	—	—	—	—
创新性	0.078	0.055	-0.014	1	—	—	—	—	—	—
先动性	0.102	0.031	0.007	0.703***	1	—	—	—	—	—
自主性	0.116	0.106	0.041	0.672***	0.796***	1	—	—	—	—
家族控制意愿	-0.067	-0.033	-0.059	0.201***	0.271***	0.209***	1	—	—	—
家族传承意愿	-0.035	-0.040	-0.074	0.260***	0.278***	0.225***	0.782***	1	—	—
企业成长	0.028	-0.021	0.075	0.645***	0.641***	0.592***	0.354***	0.466***	1	—
家族成长	-0.017	0.079	-0.007	0.522***	0.458***	0.384***	0.519***	0.620***	0.616***	1

注：***表示在 0.01 水平（双侧）上显著。

6.4　共同方法偏差检验

共同方法偏差检验是指在数据调查的过程中，因为数据来自于同一评分者，或者在测量环境、答题氛围等方面相同或相似的人为因素导致的共变偏差。共同方法偏差可能会给研究带来一些不确定的因素，从而影响测量的准确性。为了避免共同方法偏差，本书研究在问卷调查中虽然进行了匿名作答、答前提示等操作，但是仍可能存在无法避免的共同方法偏差问题，为此要进行 Harman 检验。将所有题项一起做因子分析，未转轴得到的第一个因子解释变异程度为 38.659%，小于 40%，说明本书研究中不存在可以单独解释绝大部分的方差变异量，因此，可以认为本书研究不存在严重的共同方法偏差问题。

6.5　假设检验与分析

前文对各变量进行了描述性统计分析与相关性分析，对各量表的信度和效度进行了检验。接下来将通过线性回归方法分析继任者创业导向及各维度与家族企业成长各维度之间的关系，并检验社会财富情感各维度在上述关系中的调节作用。

6.5.1　继任者创业导向与企业成长的回归分析

首先，以继任者创业导向为自变量、家族企业的企业成长为因变量进行线性回归分析，回归结果如表6-21所示。由结果可知，创业导向对企业成长有显著的正向影响（$\beta = 0.715$，$p = 0.000$），因此 H1 即"继任者创业导向对家族企业的企业成长具有正向影响"成立。

表6-21　继任者创业导向与企业成长的回归分析结果

模型	非标准化系数		标准系数	t	Sig.	Adj. R^2	F 值
	β	标准误差	试用版				
常量	1.228	0.490	—	2.505	0.013		
担任职务年龄	−0.011	0.011	−0.050	−0.994	0.322		
企业规模	0.000	0.000	−0.075	−1.502	0.135	0.481	49.961
企业所属行业	0.135	0.097	0.069	1.387	0.167		
创业导向	0.715	0.051	0.702	14.037	0.000		

其次，以继任者创业导向的创新性、先动性、自主性三个维度为自变量，以企业成长为因变量，进行回归分析，回归结果如表6-22所示。

表6-22　继任者创业导向各维度与企业成长的回归分析结果

模型	非标准化系数		标准系数	t	Sig.	Adj. R^2	F 值
	β	标准误差	试用版				
常量	1.151	0.490	—	2.351	0.020		
担任职务年龄	−0.010	0.011	−0.045	−0.910	0.364		
企业规模	0.000	0.000	−0.067	−1.342	0.181		
企业所属行业	0.148	0.097	0.076	1.528	0.128		
创新性	0.341	0.067	0.364	5.063	0.000		
先动性	0.273	0.082	0.294	3.327	0.001	0.487	34.335
自主性	0.109	0.077	0.122	1.426	0.043		

表6-22模型的调整 R^2 为0.487，说明该模型的拟合程度尚可，继任者创业导向的三个维度在整体上能够解释企业成长近50%的变化；F 值为34.335（Sig. 为0.000，$p<0.01$），说明继任者创业导向各维度与企业成长的回归模型通过了 F 检验且结果显著。此外，继任者创业导向的创新性维度对企业成长具有显著的正向影响（β = 0.341，p = 0.000），因此，假设 H1a 即"创新性维度对家族企业的企业成长具有正向影响"成立；继任者创业导向的先动性维度对企业成长具有显著的正向影响（β =

0.273，p=0.001），因此，假设 H1b 即"先动性维度对家族企业的企业成长具有正向影响"成立；继任者创业导向的自主性维度对企业成长具有显著的正向影响（β=0.109，p=0.043），因此，假设 H1c 即"自主性维度对家族企业的企业成长具有正向影响"成立。

6.5.2　继任者创业导向与家族成长的回归分析

首先，以继任者创业导向为自变量、家族企业的家族成长为因变量进行线性回归分析，回归结果如表 6-23 所示。由结果可知，继任者创业导向对家族成长存在显著的负向影响（β=-0.471，p=0.000），因此假设 H2 即"继任者创业导向对家族企业的家族成长具有负向影响"成立。

表 6-23　继任者创业导向与家族成长的回归分析结果

模型	非标准化系数		标准系数	t	Sig.	Adj. R^2	F 值
	β	标准误差	试用版				
常量	2.937	0.539	—	5.445	0.000		
担任职务年龄	-0.015	0.012	-0.072	-1.200	0.231		
企业规模	0.000	0.000	0.043	0.720	0.472	0.245	18.129
企业所属行业	-0.027	0.107	-0.015	-0.251	0.802		
创业导向	-0.471	0.056	0.507	8.407	0.000		

其次，以继任者创业导向的三个维度创新性、先动性、自主性为自变量，以家族成长为因变量，进行回归分析，回归结果如表 6-24 所示。该模型的调整 R^2 为 0.278，F 值为 14.52（Sig. 为 0.000，p<0.01），说明创业导向各维度与家族成长的回归模型通过了 F 检验且结果显著。此外，继任者创业导向的创新性维度对家族成长具有显著的负向影响（β=-0.350，p=0.000），因此，假设 H2a 即"创新性维度对家族企业的家族成长具有负向影响"成立；继任者创业导向的先动性维度对家族成长具有显著的负向影响（β=-0.201，p=0.024），因此，假设 H2b 即

"先动性维度对家族企业的家族成长具有负向影响"成立；继任者创业导向的自主性维度对家族成长不具有显著的负向影响（β = -0.065，p = 0.432），因此，假设 H2c 即"自主性维度对家族企业的家族成长具有负向影响"不成立。

表6-24　继任者创业导向各维度与家族成长的回归分析结果

模型	非标准化系数		标准系数	t	Sig.	Adj. R²	F 值
	β	标准误差	试用版				
常量	2.803	0.530	—	5.293	0.000		
担任职务年龄	-0.013	0.012	-0.064	-1.080	0.281		
企业规模	0.000	0.000	0.058	0.973	0.332		
企业所属行业	-0.003	0.105	-0.002	-0.031	0.976	0.278	14.52
创新性	-0.350	0.073	0.410	4.811	0.000		
先动性	-0.201	0.089	0.238	2.268	0.024		
自主性	-0.065	0.083	-0.080	-0.787	0.432		

6.5.3　家族控制意愿对继任者创业导向和企业成长关系的回归分析

首先，以继任者创业导向为自变量、企业成长为因变量、家族控制意愿为调节变量，检验家族控制意愿对继任者创业导向与企业成长之间关系的调节作用，回归结果如表6-25所示。可以看出，经过两次回归分析，调整 R^2 值从 0.512 增加到 0.513，F 值更改在 1% 水平上显著。此外，从表6-25中模型2可知，交互项"创业导向×家族控制意愿"的 T 值为 5.760（p = 0.000 < 0.001），表明家族控制意愿对继任者创业导向与企业成长之间关系起调节作用，故假设 H3 即"家族控制意愿在继任者创业导向与企业成长间起调节作用"成立。

表 6-25　家族控制意愿对继任者创业导向与企业成长之间关系的
调节效应分析结果

变量	模型 1			模型 2		
	β	T	Sig.	β	T	Sig.
自变量	—			—		
常量	—	0.878	0.381	—	−0.141	0.888
担任职务年龄	−0.031	−0.642	0.521	—	1.162	0.247
企业规模	−0.065	−1.351	0.178	−0.033	−0.678	0.499
企业所属行业	0.080	1.666	0.097	−0.065	−1.350	0.179
创业导向	0.651	12.960	0.000	0.541	10.830	0.000
家族控制意愿	0.191	3.820	0.000	0.196	3.907	0.000
交互项	—					
创业导向×家族控制意愿	—	—	—	0.236	5.760	0.000
R^2	0.525			0.526		
Adj. R^2	0.512			0.513		
△Adj. R^2	—			0.001		
F 值	45.513			37.963		
Sig. △F				0.000		

其次，以创新性为自变量、企业成长为因变量、家族控制意愿为调节变量，检验家族控制意愿对创新性与企业成长之间关系的调节作用，回归结果如表 6-26 所示。可以看出，经过两次回归分析，调整 R^2 值从 0.467增加到 0.473，F 值更改在 1% 水平上显著。此外，从表 6-26 中模型 2 可知，交互项"创新性×家族控制意愿"的 T 值为 3.152（p = 0.000 < 0.001），但 BETA 值显著为正，表明家族控制意愿对创新性与企业成长之间关系起正向调节作用，故假设 H3a 即"家族控制意愿负向调节创新性维度与企业成长的关系"不成立。

表 6-26　家族控制意愿对创新性与企业成长之间关系的调节效应分析结果

变量	模型 1			模型 2		
	β	T	Sig.	β	T	Sig.
自变量	—			—		
常量	—	1.084	0.280	1.674	0.803	—
担任职务年龄	-0.004	-0.072	0.943	-0.002	0.011	-0.007
企业规模	-0.051	-1.011	0.313	0.000	0.000	-0.049
企业所属行业	0.099	1.967	0.051	0.187	0.098	0.096
创新性	0.601	11.652	0.000	0.602	11.745	0.000
家族控制意愿	0.237	4.597	0.000	0.234	4.563	0.000
交互项				—		
创新性×家族控制意愿	—	—	—	0.122	3.152	0.000
R^2	0.480			0.488		
Adj. R^2	0.467			0.473		
△Adj. R^2	—			0.007		
F 值	38.045			32.614		
Sig. △F	—			0.000		

再次，以先动性为自变量、企业成长为因变量、家族控制意愿为调节变量，检验家族控制意愿对先动性与企业成长之间关系的调节作用，回归结果如表 6-27 所示。可以看出，经过两次回归分析，调整 R^2 值从 0.441 增加到 0.445，F 值更改在 1% 水平上显著。此外，从表 6-27 中模型 2 可知，交互项"先动性×家族控制意愿"的 T 值为 4.230（p = 0.000 < 0.001），但 BETA 值显著为正，表明家族控制意愿对先动性与企业成长之间关系起正向调节作用，故假设 H3b 即"家族控制意愿负向调节先动性维度与企业成长的关系"不成立。

表 6-27　家族控制意愿对先动性与企业成长之间关系的调节效应分析结果

变量	模型 1			模型 2		
	β	T	Sig.	β	T	Sig.
自变量	—			—		
常量	—	1.415	0.159	—	0.982	0.327
担任职务年龄	-0.020	-0.379	0.705	-0.020	-0.382	0.703
企业规模	-0.037	-0.716	0.475	-0.037	-0.717	0.474
企业所属行业	0.084	1.620	0.107	0.084	1.617	0.107
先动性	0.590	10.948	0.000	0.588	10.965	0.000
家族控制意愿	0.197	3.653	0.000	0.196	3.619	0.000
交互项	—					
先动性×家族控制意愿	—	—	—	0.219	4.230	0.000
R^2	0.453			0.455		
Adj. R^2	0.441			0.445		
△Adj. R^2	—			0.004		
F 值	34.356			28.495		
Sig. △F	—			0.000		

最后，以自主性为自变量、企业成长为因变量、家族控制意愿为调节变量，检验家族控制意愿对自主性与企业成长之间关系的调节作用，回归结果如表 6-28 所示。可以看出，经过两次回归分析，调整 R^2 值从 0.402 增加到 0.510，F 值更改在 1% 水平上显著。此外，从表 6-28 中模型 2 可知，交互项 "自主性×家族控制意愿" 的 T 值为 2.334（p = 0.007 < 0.01），但 β 值显著为正，表明家族控制意愿对自主性与企业成长之间关系起正向调节作用，故假设 H3c 即 "家族控制意愿负向调节自主性维度与企业成长的关系" 不成立。

表 6-28 家族控制意愿对自主性与企业成长之间关系的调节效应分析结果

变量	模型 1			模型 2		
	β	T	Sig.	β	T	Sig.
自变量		—			—	
常量		1.778	0.077		1.035	0.302
担任职务年龄	−0.020	−0.379	0.705	−0.020	−0.377	0.707
企业规模	−0.075	−1.396	0.164	−0.075	−1.393	0.165
企业所属行业	0.070	1.302	0.194	0.070	1.291	0.198
自主性	0.549	9.905	0.000	0.543	9.661	0.000
家族控制意愿	0.240	4.360	0.000	0.240	4.347	0.000
交互项		—				
自主性×家族控制意愿	—	—	—	0.160	2.334	0.007
R^2		0.416			0.426	
Adj. R^2		0.402			0.510	
△Adj. R^2		—			0.008	
F 值		29.317			24.312	
Sig. △F		—			0.000	

6.5.4 家族控制意愿对继任者创业导向和家族 成长关系的回归分析

首先，以继任者创业导向为自变量、家族成长为因变量、家族控制意愿为调节变量，检验家族控制意愿对创业导向与家族成长之间关系的调节作用，回归结果如表 6-29 所示。可以看出，经过两次回归分析，调整 R^2 值从 0.409 增加到 0.415，F 值更改在 1% 水平上显著。此外，从表 6-29 中模型 2 可知，交互项"创业导向×家族控制意愿"的 T 值为 4.525（p = 0.000<0.001），表明家族控制意愿对创业导向与家族成长之间关系起调节作用，故假设 H4 即"家族控制意愿在继任者创业导向与家族成长间起调节作用"成立。

表 6-29　家族控制意愿对继任者创业导向与家族成长之间关系的
调节效应分析结果

变量	模型 1			模型 2		
	β	T	Sig.	β	T	Sig.
自变量		—			—	
常量	—	2.662	0.008	—	1.538	0.126
担任职务年龄	−0.032	−0.594	0.553	−0.032	−0.587	0.558
企业规模	0.064	1.206	0.229	0.064	1.203	0.230
企业所属行业	0.010	0.192	0.848	0.01	0.189	0.850
创业导向	0.395	7.137	0.000	0.307	6.849	0.000
家族控制意愿	0.421	7.629	0.000	0.419	7.636	0.000
交互项			—			
创业导向×家族控制意愿	—	—	—	0.237	4.525	0.000
R^2		0.423			0.426	
Adj. R^2		0.409			0.415	
△ Adj. R^2		—			0.006	
F 值		30.150			25.006	
Sig. △ F		—			0.00	

其次，以创新性为自变量、家族成长为因变量、家族控制意愿为调节变量，检验家族控制意愿对创新性与家族成长之间关系的调节作用，回归结果如表 6-30 所示。可以看出，经过两次回归分析，调整 R^2 值从 0.444 增加到 0.448，F 值更改在 1% 水平上显著。此外，从表 6-30 中模型 2 可知，交互项"创新性×家族控制意愿"的 T 值为 6.342（p = 0.000 < 0.001），但 BETA 值显著为正，表明家族控制意愿对创新性与家族成长之间关系起正向调节作用，故假设 H4a 即"家族控制意愿负向调节创新性维度与家族成长的关系"不成立。

表 6-30　家族控制意愿对创新性与家族成长之间关系的调节效应分析结果

变量	模型 1			模型 2		
	β	T	Sig.	β	T	Sig.
自变量	—			—		
常量	—	2.561	0.011	—	2.196	0.029
担任职务年龄	−0.021	−0.413	0.680	−0.022	−0.434	0.665
企业规模	0.069	1.332	0.184	0.070	1.347	0.179
企业所属行业	0.022	0.426	0.671	0.021	0.400	0.690
创新性	0.433	8.214	0.000	0.437	8.333	0.000
家族控制意愿	0.435	8.243	0.000	0.432	8.244	0.000
交互项	—			—		
创新性×家族控制意愿	—	—	—	0.349	6.342	0.000
R^2	0.457			0.459		
Adj. R^2	0.444			0.448		
△Adj. R^2	—			0.004		
F 值	34.743			28.944		
Sig. △F	—			0.000		

再次，以先动性为自变量、家族成长为因变量、家族控制意愿为调节变量，检验家族控制意愿对先动性与家族成长之间关系的调节作用，回归结果如表 6-31 所示。可以看出，经过两次回归分析，调整 R^2 值从 0.371 增加到 0.376，F 值更改在 1%水平上显著。此外，从表 6-31 中模型 2 可知，交互项"先动性×家族控制意愿"的 T 值为 7.374（p = 0.000 < 0.001），但 BETA 值显著为正，表明家族控制意愿对先动性与家族成长之间关系起正向调节作用，故假设 H4b 即"家族控制意愿负向调节先动性维度与家族成长的关系"不成立。

表6-31 家族控制意愿对先动性与家族成长之间关系的调节效应分析结果

变量	模型1			模型2		
	β	T	Sig.	β	T	Sig.
自变量	—			—		
常量	—	3.006	0.003	—	1.322	0.187
担任职务年龄	−0.023	−0.413	0.680	−0.021	−0.385	0.701
企业规模	0.082	1.499	0.135	0.083	1.514	0.132
企业所属行业	0.013	0.229	0.819	0.013	0.228	0.820
先动性	0.342	5.971	0.000	0.344	6.065	0.000
家族控制意愿	0.429	7.504	0.000	0.422	7.374	0.000
交互项				—		
先动性×家族控制意愿	—	—	—	0.232	7.374	0.000
R^2		0.386			0.388	
Adj. R^2		0.371			0.376	
△Adj. R^2		—			0.005	
F值		25.907			21.631	
Sig. △F		—			0.000	

最后，因假设H2c即"自主性维度对家族企业的家族成长具有负向影响"不成立，自主性维度对家族成长的影响并不显著，因此，无须进行家族控制意愿对自主性维度与家族成长之间关系的调节作用的检验，故假设H4c即"家族控制意愿负向调节自主性维度与家族成长的关系"不成立。

6.5.5 家族传承意愿对继任者创业导向和企业成长关系的回归分析

首先，以继任者创业导向为自变量、企业成长为因变量、家族传承意愿为调节变量，检验家族传承意愿对继任者创业导向与企业成长之间关系的调节作用，回归结果如表6-32所示。可以看出，经过两次回归分析，

调整 R^2 值从 0.560 增加到 0.563，F 值更改在 1% 水平上显著。此外，从表 6-32 中模型 2 可知，交互项"创业导向×家族传承意愿"的 T 值为 7.123（p=0.000<0.001），表明家族传承意愿对继任者创业导向与企业成长之间关系起调节作用，故假设 H5 即"家族传承意愿在继任者创业导向与企业成长间起调节作用"成立。

表 6-32　家族传承意愿对继任者创业导向与企业成长之间关系的调节效应分析结果

变量	模型 1			模型 2		
	β	T	Sig.	β	T	Sig.
自变量	—			—		
常量		0.068	0.946		-0.241	0.810
担任职务年龄	-0.030	-0.649	0.517	-0.029	-0.634	0.527
企业规模	-0.058	-1.256	0.211	-0.058	-1.251	0.212
企业所属行业	0.091	1.982	0.049	0.090	1.967	0.051
创业导向	0.615	12.774	0.000	0.412	9.675	0.000
家族传承意愿	0.296	6.174	0.000	0.222	6.063	0.000
交互项	—					
创业导向×家族传承意愿	—	—	—	0.319	7.123	0.000
R^2	0.571			0.574		
Adj. R^2	0.560			0.563		
△Adj. R^2	—			0.003		
F 值	54.761			45.459		
Sig. △F	—			0.000		

　　其次，以创新性为自变量、企业成长为因变量、家族传承意愿为调节变量，检验家族传承意愿对创新性与企业成长之间关系的调节作用，回归结果如表 6-33 所示。可以看出，经过两次回归分析，调整 R^2 值从 0.512 增加到 0.521，F 值更改在 1% 水平上显著。此外，从表 6-33 中模型 2 可知，交互项"创新性×家族传承意愿"的 T 值为 3.154（p=0.000<0.001），且 BETA 值显著为正，表明家族传承意愿对创新性与企业成长之

间关系起正向调节作用，故假设 H5a 即 "家族传承意愿正向调节创新性维度与企业成长的关系" 成立。

表 6-33　家族传承意愿对创新性与企业成长之间关系的调节效应分析结果

变量	模型 1			模型 2		
	β	T	Sig.	β	T	Sig.
自变量	—			—		
常量	—	0.474	0.636	—	0.949	0.344
担任职务年龄	-0.006	-0.114	0.909	-0.006	-0.134	0.893
企业规模	-0.044	-0.917	0.360	-0.045	-0.927	0.355
企业所属行业	0.108	2.241	0.026	0.108	2.235	0.026
创新性	0.565	11.269	0.000	0.399	9.143	0.000
家族传承意愿	0.325	6.487	0.000	0.321	6.404	0.000
交互项	—					
创新性×家族传承意愿	—	—	—	0.241	3.154	0.000
R^2	0.524			0.531		
Adj. R^2	0.512			0.521		
△Adj. R^2	—			0.009		
F 值	45.353			37.857		
Sig. △F	—			0.000		

再次，以先动性为自变量、企业成长为因变量、家族传承意愿为调节变量，检验家族传承意愿对先动性与企业成长之间关系的调节作用，回归结果如表 6-34 所示。可以看出，经过两次回归分析，调整 R^2 值从 0.499 增加到 0.502，F 值更改在 1% 水平上显著。此外，从表 6-34 中模型 2 可知，交互项 "先动性×家族传承意愿" 的 T 值为 2.285（p = 0.001 < 0.01），且 BETA 值显著为正，表明家族传承意愿对先动性与企业成长之间关系起正向调节作用，故假设 H5b 即 "家族传承意愿正向调节先动性维度与企业成长的关系" 成立。

表6-34 家族传承意愿对先动性与企业成长之间关系的调节效应分析结果

变量	模型1			模型2		
	β	T	Sig.	β	T	Sig.
自变量	—			—		
常量	—	0.519	0.604	—	-0.194	0.846
担任职务年龄	-0.018	-0.376	0.708	-0.017	-0.353	0.724
企业规模	-0.030	-0.618	0.537	-0.030	-0.608	0.544
企业所属行业	0.095	1.944	0.053	0.095	1.935	0.054
先动性	0.555	10.851	0.000	0.417	9.899	0.000
家族传承意愿	0.316	6.188	0.000	0.307	5.985	0.000
交互项	—					
先动性×家族传承意愿	—	—	—	0.245	2.285	0.001
R^2	0.510			0.513		
Adj. R^2	0.499			0.502		
△Adj. R^2	—			0.003		
F值	42.950			35.753		
Sig. △F	—			0.000		

最后，以自主性为自变量、企业成长为因变量、家族传承意愿为调节变量，检验家族传承意愿对自主性与企业成长之间关系的调节作用，回归结果如表6-35所示。可以看出，经过两次回归分析，调整 R^2 值从 0.465增加到 0.467，F 值更改在 1% 水平上显著。此外，从表6-35中模型2可知，交互项 "自主性×家族传承意愿" 的 T 值为 3.132（p = 0.000 < 0.001），且 BETA 值显著为正，表明家族传承意愿对自主性与企业成长之间关系起正向调节作用，故假设 H5c 即 "家族传承意愿正向调节自主性维度与企业成长的关系" 成立。

表 6-35　家族传承意愿对自主性与企业成长之间关系的调节效应分析结果

变量	模型 1			模型 2		
	β	T	Sig.	β	T	Sig.
自变量	—			—		
常量	—	0.930	0.353	—	0.020	0.984
担任职务年龄	-0.021	-0.410	0.682	-0.019	-0.375	0.708
企业规模	-0.066	-1.303	0.194	-0.067	-1.309	0.192
企业所属行业	0.082	1.623	0.106	0.080	1.565	0.119
自主性	0.519	9.863	0.000	0.520	9.861	0.000
家族传承意愿	0.352	6.749	0.000	0.346	6.639	0.000
交互项	—					
自主性×家族传承意愿	—	—	—	0.126	3.132	0.000
R^2	0.477			0.479		
Adj. R^2	0.465			0.467		
△Adj. R^2				0.002		
F 值	37.632			31.345		
Sig. △F	—			0.000		

6.5.6　家族传承意愿对继任者创业导向和家族成长关系的回归分析

首先，以继任者创业导向为自变量、家族成长为因变量、家族传承意愿为调节变量，检验家族传承意愿对创业导向与家族成长之间关系的调节作用，回归结果如表 6-36 所示。可以看出，经过两次回归分析，调整 R^2 值从 0.497 增加到 0.511，F 值更改在 1% 水平上显著。此外，从表 6-36 中模型 2 可知，交互项"创业导向×家族传承意愿"的 T 值为 4.316（p=0.000<0.001），且 BETA 值显著为正，表明家族传承意愿对创业导向与家族成长之间关系起调节作用，故假设 H6 即"家族传承意愿在继任者创业导向与家族成长间起调节作用"成立。

表 6-36　家族传承意愿对继任者创业导向与家族成长之间关系的
调节效应分析结果

变量	模型 1			模型 2		
	β	T	Sig.	β	T	Sig.
自变量	—			—		
常量	—	2.103	0.037	—	1.397	0.164
担任职务年龄	−0.037	−0.759	0.449	−0.038	−0.765	0.445
企业规模	0.074	1.498	0.136	0.073	1.493	0.137
企业所属行业	0.024	0.490	0.625	0.024	0.494	0.622
创业导向	0.353	6.860	0.000	0.355	6.916	0.000
家族传承意愿	0.524	10.229	0.000	0.521	10.165	0.000
交互项	—					
创业导向×家族传承意愿	—	—	—	0.322	4.316	0.000
R^2	0.509			0.515		
Adj. R^2	0.497			0.511		
△Adj. R^2	—			0.004		
F 值	42.688			35.416		
Sig. △F				0.000		

其次，以创新性为自变量、家族成长为因变量、家族传承意愿为调节变量，检验家族传承意愿对创新性与家族成长之间关系的调节作用，回归结果如表 6-37 所示。可以看出，经过两次回归分析，调整 R^2 值从 0.521 增加到 0.523，F 值更改在 1% 水平上显著。此外，从表 6-37 中模型 2 可知，交互项"创新性×家族传承意愿"的 T 值为 4.153（p = 0.000 < 0.001），且 BETA 值显著为正，表明家族传承意愿对创新性与家族成长之间关系起正向调节作用，故假设 H6a 即"家族传承意愿正向调节创新性维度与家族成长的关系"成立。

表 6-37　家族传承意愿对创新性与家族成长之间关系的调节效应分析结果

变量	模型 1			模型 2		
	β	T	Sig.	β	T	Sig.
自变量	—			—		
常量	—	2.120	0.035	—	1.616	0.108
担任职务年龄	−0.029	−0.598	0.551	−0.029	−0.605	0.546
企业规模	0.077	1.617	0.108	0.077	1.608	0.109
企业所属行业	0.034	0.707	0.481	0.034	0.703	0.483
创新性	0.384	7.740	0.000	0.286	6.792	0.000
家族传承意愿	0.525	10.581	0.000	0.320	8.503	0.000
交互项	—					
创新性×家族传承意愿	—	—	—	0.247	4.153	0.000
R^2	0.533			0.537		
Adj. R^2	0.521			0.523		
△Adj. R^2	—			0.002		
F 值	46.947			38.98		
Sig. △F	—			0.00		

再次，以先动性为自变量、家族成长为因变量、家族传承意愿为调节变量，检验家族传承意愿对先动性与家族成长之间关系的调节作用，回归结果如表 6-38 所示。可以看出，经过两次回归分析，调整 R^2 值从 0.470 增加到 0.477，F 值更改在 1% 水平上显著。此外，从表 6-38 中模型 2 可知，交互项"先动性×家族传承意愿"的 T 值为 2.331（p = 0.008 < 0.01），且 BETA 值显著为正，表明家族传承意愿对先动性与家族成长之间关系起正向调节作用，故假设 H6b 即"家族传承意愿正向调节先动性维度与家族成长的关系"成立。

表6-38　家族传承意愿对先动性与家族成长之间关系的调节效应分析结果

变量	模型 1			模型 2		
	β	T	Sig.	β	T	Sig.
自变量	—			—		
常量	—	2.359	0.019	—	1.468	0.144
担任职务年龄	−0.030	−0.586	0.558	−0.030	−0.587	0.558
企业规模	0.090	1.786	0.076	0.090	1.780	0.076
企业所属行业	0.027	0.532	0.595	0.027	0.531	0.596
先动性	0.308	5.859	0.000	0.309	5.884	0.000
家族传承意愿	0.539	10.266	0.000	0.535	10.130	0.000
交互项	—					
先动性×家族传承意愿	—	—	—	0.135	2.331	0.008
R^2	0.483			0.488		
Adj. R^2	0.470			0.477		
△Adj. R^2	—			0.007		
F 值	38.467			31.902		
Sig. △F	—			0.000		

最后，因假设 H2c "自主性维度对家族企业的家族成长具有负向影响" 不成立，自主性维度对家族成长的影响并不显著，因此，无须进行家族传承意愿对自主性维度与家族成长之间关系的调节作用的检验，故假设 H6c 即 "家族传承意愿正向调节自主性维度与家族成长的关系" 不成立。

6.6　分析结果与讨论

6.6.1　假设检验结果汇总

在上一节中，通过实证的方法就本研究第 4 章所构建的理论模型及所提出的研究假设进行了检验，假设检验的结果汇总如表 6-39 所示。

表 6-39　假设检验汇总结果

序号	假设	验证结果
H1	继任者创业导向对家族企业的企业成长具有正向影响	成立
H1a	创新性维度对家族企业的企业成长具有正向影响	成立
H1b	先动性维度对家族企业的企业成长具有正向影响	成立
H1c	自主性维度对家族企业的企业成长具有正向影响	成立
H2	继任者创业导向对家族企业的家族成长有负向影响	成立
H2a	创新性维度对家族企业的家族成长具有负向影响	成立
H2b	先动性维度对家族企业的家族成长具有负向影响	成立
H2c	自主性维度对家族企业的家族成长具有负向影响	不成立
H3	家族控制意愿在继任者创业导向与企业成长间起调节作用	成立
H3a	家族控制意愿负向调节创新性维度与企业成长的关系	不成立
H3b	家族控制意愿负向调节先动性维度与企业成长的关系	不成立
H3c	家族控制意愿负向调节自主性维度与企业成长的关系	不成立
H4	家族控制意愿在继任者创业导向与家族成长间起调节作用	成立
H4a	家族控制意愿负向调节创新性维度与家族成长的关系	不成立
H4b	家族控制意愿负向调节先动性维度与家族成长的关系	不成立
H4c	家族控制意愿负向调节自主性维度与家族成长的关系	不成立
H5	家族传承意愿在继任者创业导向与企业成长间起调节作用	成立
H5a	家族传承意愿正向调节创新性维度与企业成长的关系	成立
H5b	家族传承意愿正向调节先动性维度与企业成长的关系	成立
H5c	家族传承意愿正向调节自主性维度与企业成长的关系	成立
H6	家族传承意愿在继任者创业导向与家族成长间起调节作用	成立
H6a	家族传承意愿正向调节创新性维度与家族成长的关系	成立
H6b	家族传承意愿正向调节先动性维度与家族成长的关系	成立
H6c	家族传承意愿正向调节自主性维度与家族成长的关系	不成立

经过多元回归分析，在所提出的 24 项假设中，H2c、H3a、H3b、H3c、H4a、H4b、H4c、H6c 没有通过检验，假设不成立，其余的 16 项

假设均通过了实证检验，假设成立。根据表6-39汇总结果，现可以明确以下六点：第一，继任者创业导向及各维度对企业成长具有显著的正向影响；第二，继任者创业导向及创新性维度、先动性维度对家族成长具有显著的负向影响，但自主性维度对家族成长不具有显著的负向影响；第三，家族控制意愿在继任者创业导向和企业成长之间存在调节作用；第四，家族控制意愿在继任者创业导向和家族成长之间存在调节作用；第五，家族传承意愿在继任者创业导向及各维度和企业成长之间存在显著的正向调节作用；第六，家族传承意愿在继任者创业导向及创新性维度、先动性维度和家族成长之间存在显著的正向调节作用。

6.6.2　假设检验结果讨论

本书针对继任者创业导向与家族企业跨代成长之间的关系以及社会情感财富对继任者创业导向与家族企业跨代成长关系的调节作用等6组研究共设计24项假设，在对上述24项假设进行回归分析检验后，发现其中有8项假设未能得到验证，假设不成立，其余16项假设得到了验证，假设成立。现就假设检验结果做如下具体分析：

6.6.2.1　继任者创业导向及其各维度对企业成长的影响

（1）继任者创业导向对企业成长的影响分析。根据实证分析的结果，本书所提假设H1即"继任者创业导向对家族企业的企业成长具有正向影响"成立。因此可以得知，继任者的创业导向对于家族企业的企业成长起到积极的影响，强化继任者的创业导向对于提升家族企业的企业成长将起到促进作用，即便在当下的研究中，创业导向与企业成长之间的影响关系是正向还是负向，国内外学者尚未达成一致的意见，没有形成统一的结论。现有研究基本倾向于创业导向与企业成长之间呈现线性关系。Covin等（1989）、Zahra和Garvis（2000）认为，创业导向与企业成长之间或许表现为正向线性关系（大部分的实证分析结果支撑了该观点），也可能表现为负向线性关系（非主流观点，虽然也有部分的实证研究的结果支撑了该观点）。创业导向与企业成长正向线性相关的观点是学术界的主流，得到了更多的认可。部分国内学者以中国的企业为研究样本，对创业导向与企业成长的关系进行实证检验分析，结论也支持了两者的正相关关系（夏霖、陆夏峰，2006；焦豪等，2007）。当然，也有学者认为市场环境不同，以及不同类型的组织情境可能对两者之间的关系产生调节作用（Lumpkin and Dess，1996），导致了有时无法在较短的时间内看出两者的正相关关系（Zahra and Covin，1995；Wiklund，1999），但是经过较长时间的积累，创业导向对于企业成长正向影响的效果就会慢慢显现。总体而言，创业导向正向影响企业成长。

根据上述的实证研究结论，本书认为代际传承对于家族企业而言至关重要，是家族企业在传承中转变、发展的关键，关乎企业生存还是灭亡。作为家族企业接班人的继任者对待创业的态度、创业的精神、对于创业机会的识别和把握能力直接决定了企业生存和成长的能力。然而，目前中国家族企业创业行为更多地受到外部创业潮流的影响，家族很少将培育继承人的创业认知、创业能力和创业精神系统地纳入传承计划中，因此跨代创业还处于无意识状态，这也是在中国情境下展开该项研究的必要性所在（王扬眉、叶仕峰，2018）。同时，Chua 等（1999）指出，家族企业对于继任者的悉心培养是成功实现代际传承和跨代成长的保障和关键。由于受中国传统文化等的影响，中国家族企业更倾向于基于血亲的家族内部传承，而伴随改革开放浪潮成长起来的家族企业，其创始人的子女也正赶上了中国的计划生育政策，因此出现了大量的独生子女家庭，由此造成了家族企业传承对象基本确定，几乎没有可选择的空间。而对于某些继任者来说，接班更多的是一种情感维系，是基于父辈辛苦创立的产业的一种感情依托，基于对家族资源丧失的一种不舍，接班并不是家族的长期计划，只是家族企业排满的管理安排表中的一环，因此很多情况下，继任者接班之后无法带来家族企业的代际腾飞。

当今时代社会经济环境的变化快速且复杂，中国家族企业想要打破传统意义上的一、二代交接，就必须以传承为契机，注重对于二代继任者的个人成长和创业导向的培育进行战略部署，将构建继任者创业成长体系列入家族传承计划，在跨代创业中实现家族企业的二次腾飞。

（2）继任者创业导向各维度对企业成长的影响分析。虽然大部分学者的研究验证了创业导向与企业成长间的正向影响关系，但是并不能说明创业导向的各个维度与企业成长都是正向相关的关系，因此需要对继任者创业导向的各个维度分别做其与企业成长关系的进一步探讨与验证。从家族企业的角度来看，企业成长被视为成功的反映，尤其是作为连续性和跨代财富创造的源泉。然而，追求增长不是在真空中发生的（Wolff and Pett，2007），Cruz 和 Nordqvist（2012）、Casillas 等（2011）认为由于家族企业所有权的代际变化，家族企业可能会强调创业导向并从中受益，创业导向有助于代际传承的家族企业获得成长，本书的实证分析结果与他们的结论相一致，假设 H1a 即"创新性维度对家族企业的企业成长具有正向影响"、H1b 即"先动性维度对家族企业的企业成长具有正向影响"和 H1c 即"自主性维度对家族企业的企业成长具有正向影响"均通过了验证，说明继任者创业导向各维度对企业成长均具有正向的促进作用。

具体而言，继任者创业导向中的创新性有助于企业成长。在家族企业中，关于产品、市场和技术的创新范围和速度，通常都有连续性。当现有的市场结构因介绍新的商品或服务而中断，从现有企业转移资源并导致新公司增长（Schumpeter，1942）时，财富就会产生。这一活动周期的关键是创业创新，意味着"新组合"的竞争性进入推动着经济的动态演变（Schumpeter，1934）。在家族企业中，创新被认为是创业导向长期绩效的一个非常重要的方面，同时具有先动性和自主性（Nordqvist et al.，2008）。此外，如果创新被全面的战略决策和长期定位所驱动，那么创新被描述为具有更大的成长潜力（Eddleston and Kellermanns，2007）。

继任者创业导向中先动性是家族企业能否出奇制胜的关键，家族企业不比大型企业基底深厚，不仅涉及识别变化，还包括愿意在竞争前采取行动（Dess and Lumpkin，2005）。同样地，Stevenson 和 Jarillo（1990）将积极主义概念化为有利商业机会的组织追求。主动行为可以带来先发优势和更高的经济利润（Lieberman and Montgomery，1988）。企业能够胜出的原因就是对于市场的变化有更灵活的应对方式，无论是组织上的应变还是经营策略的灵巧，会因为具有先动性而成为市场先驱。根据 Kreiser 等（2002）的研究，在家族企业的背景下，先动性被认为是更重要的，同时在家族企业中重要的还有创新性和自主性（Nordqvist et al.，2008），并认为家族企业可以更自由、独立、主动地行动，从而避免冒险和竞争激进。只是学者对于企业所具备的先动性对企业成长能否有所贡献，并非有一致性的看法。Martin 和 Lumpkin（2003）指出，积极主动似乎并不是家族企业成功的一致预测因素，而且他们无法证明家族后代的先动性会降低。产业中先来后到的状况时有所闻，因此获利丰厚者不一定是具有先动性的企业，但是本书研究的实证研究结果显示，家族企业继任者的先动性的确会对企业成长产生一定的效果。先动性往往与创新性相结合，给家族企业带来市场先发的机会。

自主性使个人和团队有能力做出决策并采取行动，而不会受到经常阻碍进展的组织约束或战略规范的阻碍。之前的研究支持这样的观点，即自主性鼓励创新，促进创业企业的发起，并提高企业的竞争力和有效性。在通常的工作惯例和实践之外，自主运作的个体是创造力和企业发展的重要因素。在自主性强的组织中，员工可以拥有更长的时间和自由，他们需要发展创意和培养创业项目（Burgelman，1983）。此外，良好一致和更集中的所有权允许家族企业继任者对关键人员进行长期投资，并赋予他们更多的决策权（Zahra，2005）。自主性还使公司能够独立行动，而不受过度依赖联盟合作伙伴或限制自由的资产特定承诺所施加的限制。

在当前中国经济背景下，继任者创业导向的创新性、先动性和自主性三个维度具有的内涵及意义对家族企业的企业成长所带来的正向影响已被验证。

6.6.2.2 继任者创业导向及其各维度对家族成长的影响

（1）继任者创业导向对家族成长的影响分析。实证分析结果显示，假设 H2 即"继任者创业导向对家族企业的家族成长具有负向影响"成立，可见继任者创业导向不利于家族企业的家族成长。这与很多现有研究结论保持一致（Chrisman and Patel，2012；Gomez-Mejia and Moyano-Fuentes，2007；Kotlar and Massis，2013；代吉林等，2015）。当然，企业利益和家族利益也不是完全冲突和矛盾的，通常情况下，在企业发展或者创立之初，两者是重合的，但是随着企业的进一步发展，尤其是当家族企业面临或者经历接班传承的时候，家族追求的是家族财富和利益的最大化以及家族成员的和谐、家族的兴旺，而企业追求的是利润最大化目标、遵循的是效率优先原则，此时家族和企业利益的冲突将不可避免地出现。家族企业的继任者们需要在家族利益和企业效益两者之间进行利弊的平衡，因此，在家族企业这个组织内部，同时实现家族系统和企业系统不同的价值目标追求是异常困难和不现实的。

"创造性破坏"作为创业导向与生俱来的特性，可能引起家族企业继任者及企业思维和行为发生模式的变更，甚至致使重新配置企业资源和家族资源（Lumpkin and Dess，1996），创业导向成为诱发家族成员之间思想或利益冲突的导火索，从而破坏家族的和谐稳定（Naldi et al.，2007）。Schulze 等（2002）认为，在很多情况下，为了树立自己的权威，构建继承的合法性，家族企业继任者往往会为换取企业成长而牺牲家族福利。

本书的验证结论表明，虽然创业导向对于家族的成长存在一定的负面影响，但是家族的不和谐是很多家族企业衰败的开始，因此家族企业应及早制订家族传承计划，以传承为契机，构建合适的家族继任者创业导向倾向和创业成长体系。

（2）继任者创业导向各维度对家族成长的影响。本书研究的实证分析结果中假设 H2a 即"创新性维度对家族企业的家族成长具有负向影响"、H2b 即"先动性维度对家族企业的家族成长具有负向影响"通过了验证，说明继任者创业导向的创新性和先动性对家族成长具有负向的抑制作用。假设 H2c 即"自主性维度对家族企业的家族成长具有负向影响"不成立。Nordqvist 等（2008）指出，家族企业继任者可能增加其员工的内部自主权即内部自治性，只是赋予了企业个人和团队更多的开展活动的权力，以作为创业活动的驱动力，并不会影响家族及家族成员的利益。因此，家族企业继任者的创业导向的自主性维度不会对家族成长产生过多的影响。

6.6.2.3　家族控制意愿的调节作用

家族控制意愿属于约束型社会情感财富的核心维度和重要内容。家族控制的方式可以以诸如家族的股权控制、家族成员担任企业高管等核心职务等多种形式和途径单独或同时存在。家族企业继任者与家族成员保护和增强社会情感财富的意愿会受到家族控制意愿强弱的影响，进而影响企业的战略决策和战略选择。本书研究的实证分析结果显示，假设 H3 即"家族控制意愿在继任者创业导向与企业成长间起调节作用"和 H4 即"家族控制意愿在继任者创业导向与家族成长间起调节作用"验证成立，这表

明了家族控制意愿在继任者创业导向与企业成长之间存在调节作用。假设
H3a 即"家族控制意愿负向调节创新性维度与企业成长的关系"、H3b 即
"家族控制意愿负向调节先动性维度与企业成长的关系"、H3c 即"家族
控制意愿负向调节自主性维度与企业成长的关系"、H4a 即"家族控制意
愿负向调节创新性维度与家族成长的关系"、H4b 即"家族控制意愿负向
调节先动性维度与家族成长的关系"、H4c 即"家族控制意愿负向调节自
主性维度与家族成长的关系"不成立，这也与家族企业研究领域中，家
族控制意愿在继任者创业导向与家族企业成长之间的调节效应方向不一致
的结论吻合。

　　家族控制意愿主要从以下方面影响继任者创业导向与家族企业成长关
系的效应：无论是在理论研究层面还是在实践层面都已经证实，要想成功
实施创业导向，确保创业导向能够切实地转化为企业的成长和绩效，需要
投入大量的人力、物力、财力、技术、信息等多种资源进行支持和协助。
Wiklund 和 Shepherd（2005）等的研究也进一步证实，继任者创业导向对
于家族企业的企业成长和家族成长的影响要受到企业所拥有的人力、资
金、物资等资源的制约和掣肘。按照资源观家族企业理论的观点，家族控
制是家族企业重要的资源基础。Sirmon 和 Hitt（2003）在此基础上对家族
资源进行了进一步的划分，将其划分为五种结构类型，即家族成员人力资
本、社会资本、生存资本、心理资本和治理结构，家族从家族成员那里可
以更加容易而且成本较低地获取财务资源与人力资源的支持。同时，创业
导向天生具有风险性特征，这意味着它所能带来的结果也具有一定的不确
定性。当家族企业拥有较强的家族控制意愿的时候，家族企业的决策就更
加具有权威性，也更加集权化，使家族企业在面对创业活动时所作出的决
策更加具有有效性，从而使得家族企业继任者的创业导向在实施过程中的
不确定性和风险性的降低有了更大的可能性。因此，家族控制意愿有助于
强化继任者创业导向对企业成长的影响，并弱化继任者创业导向对家族成
长的影响。也有部分学者认为家族控制意愿将弱化继任者创业导向对企业
成长的影响，并强化继任者创业导向对家族成长的影响，而且认为确保家
族企业持续创业发展的关键要素是企业外部的财务资源和企业中的非家族
经理（Salvato，2004）。而对于家族控制意愿较强的家族企业来说，更加
偏好于使用家族内部的财务资源和雇用家族的经理人员，从而对于追求创

业导向的家族企业所需的财务资源和管理资源起到了消极的抑制作用。同时，家族控制意愿较强意味着家族企业的人力资源具有相对的不公平性（Carlson et al.，2006），而不胜任的家族成员就业将造成额外代理成本（Cruz and Nordqvist，2012）或增大家族企业租金掠夺（Gomez - Mejia et al.，2011），从而不利于创业导向对企业成长的促进作用和对家族成长抑制的弱化作用。而本书研究的实证检验证实家族控制意愿正向调节继任者创业导向与家族企业成长的关系。具体而言，随着家族控制意愿的增加，家族企业继任者相应地会增加创新性、先动性和自主性的创业导向行为，进而对企业成长和家族成长产生影响，即随着家族控制意愿的增强，继任者创业导向及各维度对企业成长的正向影响增强，继任者创业导向及各维度对家族成长的负向影响增强。

6.6.2.4 家族传承意愿的调节作用

家族传承意愿属于延伸型社会情感财富的核心内容。只有家族企业长期存在并且良好运转，家族传承意愿才有实现的可能，因而对于关注家族传承的企业而言，其决策者在决策时更加注重长期导向（Miller and Breton-Miller，2014）。虽然 Miller 等在研究中对于延伸型社会情感财富仅仅介绍了维护家族名誉、考虑其他利益相关者的利益，比如对于企业内部要兼顾股东的福利，对于企业外部要关注社区的发展等，未明确指出家族传承意愿，但是他们却指出了家族传承意愿是优秀的家族企业持续成长、发展以及企业战略、梦想得以延续的家族根源，只有家族企业的传承才能使家族的梦想延续、价值观得以弘扬、声望得以提高（Miller and Breton-Miller，2005）。诸多研究家族企业的文献也表明，家族企业的长期导向和未来导向通过家族传承得以明示，进而引导继任者未来更加关注家族及企业的长期生存问题（Chrisman and Patel，2012；Lumpkin and Brigham，2011）。当家族企业更加关注长期生存问题的时候，通常需要平衡家族自身的利益与企业内外部其他利益相关者的利益，同时为了家族的长期利益，需要长期保持与股东、社区、社会等其他利益相关者的关系并使之更密切（Miller and Breton-Miller，2005）。因此，追求代际传承的家族企业会更加注重企业的长期投资行为，更加关注企业的环境适应性，更注重企业可持续竞争力的培养，也会注重创新性的创业投入，加大对于未来的投资力度，家族也会更加关注企业的长久发展。本书研究的实证分析结果显示，假设 H5 即"家族传承意愿在继任者创业导向与企业成长间起调节作用"和 H6 即"家族传承意愿在继任者创业导向与家族成长间起调节作用"验证成立，这就表明了家族传承意愿在继任者创业导向与企业成长、家族成长之间存在调节作用。

本书研究的实证分析结果显示，假设 H5a 即"家族传承意愿正向调节创新性维度与企业成长的关系"、H5b 即"家族传承意愿正向调节先动性维度与企业成长的关系"、H5c 即"家族传承意愿正向调节自主性维度与企业成长的关系"、H6a 即"家族传承意愿正向调节创新性维度与家族成长的关系"、H6b 即"家族传承意愿正向调节先动性维度与家族成长的关系"成立。家族企业要想长久发展、永续经营，其基本前提是成功且见效的家族企业代际传承，家族企业代际传承的成功表示家族及企业众多要素和资源的保留，比如家族的名誉与声望、家族的核心价值观、经营理念和创业精神、家族独特的资源等得以流传（Drozdow，1998）。跨代创业寓创业于接班，以创业实现传承，跨代创业的目的在于实现发展式传承，传承是创业的场景，创业是传承的路径（吴炳德等，2017）。家族企业已经实现家族权力交接、实现接班，代表着该家族企业具有强烈的家族传承意愿，家族企业除了实现企业的目标之外，把一个拥有核心竞争力、有着良好价值创造能力的企业保留给后代的意愿更加强烈。因此，家族企业不仅要为后代保留公司的业务，更需要维系家族资产的保值增值，同时为家族后代及家族成员创造更多、更好的职业发展机会（Zellweger et al.，2011）。为了实现上述目标，家族企业对于制定更加长远的战略目标有着更为浓厚的兴趣。全面的战略决策和长期定位将驱动家族企业继任者采取更多创新性的投资活动和加大投入。创新通常被描述为具有更高的成长潜力（Eddleston et al.，2008），而在家族企业中，先动性和自主性被认为同创新性一样，是创业导向长期绩效的一个非常重要的方面（Nordqvist et al.，2008）。

具体而言，随着家族传承意愿的增加，家族企业继任者相应地会增加创新性、先动性和自主性的创业导向行为，进而对企业成长和家族成长产生影响，即随着家族传承意愿的增强，继任者创业导向及各维度对企业成长的正向影响增强，继任者创业导向及各维度对家族成长的负向影响增强。

最后，因假设 H2c 即"自主性维度对家族企业的家族成长具有负向影响"不成立，自主性维度对家族成长的影响并不显著，故假设 H6c 即"家族传承意愿正向调节自主性维度与家族成长的关系"不成立。

第7章
中国家族企业跨代创业
成长类型与模式

7.1　中国家族企业跨代创业成长类型

跨代创业是家族企业创始人及继任者在完成企业传承的同时，继任者凭借丰富的知识及经验适应环境变化、超越制度约束，实现跨代际、持续地创造财富以及企业系统和家族系统同时成长的过程。新旧观念融合过程的复杂性及资源获取路径的多样性导致了继任者在创业路径选择上出现了差异。本书基于家族继任者对创业路径的选择以及不同路径资源利用方式，将家族企业跨代创业划分为去家族化式创业、接班式创业、组合式创业三种类型。

7.1.1　去家族化式创业

近几十年来，相当比例的家族企业已经完成了资本的原始积累，当企业逐渐扩大规模后，家族企业将家族与企业结合在一起，在最初发展阶段，家族创始人可以通过控制权的高度集中来实现家族财富的不断增加，但随着制度环境和市场秩序的完善，当企业发展到某个阶段，家族和企业两个系统发生不兼容情况时，家庭成员对企业的控制不利于企业的成长，家族治理的价值会被弱化，企业也会产生内耗，不利于企业后续发展。目前对于家族企业去家族化的研究主要集中于以下三个方面：

第一是融资需要。由于家族企业的封闭管理，很多制度对外界也并不透明，因此外部投资者对其投资也会产生顾虑（何轩、朱沆，2007）。由于多数家族企业规模较小，家族企业的资金来源比较集中单一，这种长期不流动的资金会使企业灵活性降低。在家族企业发展的初期，可能创始人的绝对控制可以降低企业成本，但是随着企业成长并扩大，家族成员间发生冲突，部分家族成员选择退出，相应地财务资本也会随之退出，这时家族企业会面临不得不引入外部资金的窘境。

第二是企业的经营管理需要改善。在企业初创期，企业规模较小，对管理者的各方面要求会比较低，但是随着企业规模扩大，企业拓展业务增多，管理也变得更为复杂，家族创始人原有的经验主义管理方法已经不能满足现代企业管理的需求，企业对专业化人才的需求也会随之上升。为了争夺更加有价值的市场，企业开始在内部建立机构提升效率。随着企业规模进一步扩大，企业开始寻求技术合作，努力提高技术水平（马国庆，2006）。企业传承得越久，企业家越倾向于采取两权分离的非家族化治理。

第三是家族成员间的信任度随着企业发展而降低。在家族企业初期，成员之间的信任关系是基于过往的联系，这是基于个人特征的信任模式。当企业规模扩大时，这种基于个人的信任方式不能有效地扩展范围（韦革，2009）。此时企业需要建立以制度为基础的信任模式，但是企业主并不能对家族成员进行强制管理，因此外部管理人员的引进则显得尤为必要。

作为家族企业代际成长过程中的一种极端模式，去家族化式创业即间接性探索，是继任者为满足自身成就需要、维持企业高速增长而进行的战略性变革及利基市场开拓活动（黄钧瑶、吴炯，2021）。家族企业变更实际控制人与引入外部职业经理人均会显著抑制企业的创新投入，两权偏离度对去家族化与企业创新投入之间的抑制关系没有显著调节作用，而地区市场化进程将显著弱化去家族化对企业创新投入的抑制作用（陈建林、晏金桃，2021）。在实证研究中，综合分析企业去家族化的方案后发现，这有助于集团核心价值的提升、企业业绩的提升以及企业经营效率的提高（周锐，2019）。随着我国市场经济的发展，以及学者对现代企业的研究等，中国的家族企业正在努力去掉企业中的家族色彩。然而，家族企业在褪去家族影响的同时，引进的新制度可能与原有制度产生一些冲突，这很有可能使企业代际成长过程中面临一些新的问题。

7.1.2 接班式创业

接班式创业即直接利用原有家族资源展开业务活动，在非家族路径上进行间接利用，其作为传统意义上"子承父业"的代表，是家族企业二代基于情感及价值观认同，主动开展的一系列同原有业务相关联的创新活动（李新春等，2008）。通过验证家族企业二代接班人对企业创新能力的影响发现：家族企业二代接班者往往具有更强的风险容忍度，从而倾向于促进企业创新投入；在促进企业创新的路径选择上，他们不仅会通过加大研发投入促进企业原发性创新，还会通过资本运作，例如并购或与其他创新型企业合营为企业带来外部创新，从而为家族企业面对权杖交接的"惊险一跃"时，如何继续保持产业的基业长青、代代相传提供证据（方云龙，2020）。家族企业继任者能否成为合格的接班人，是民营家族企业成功走得更远的关键。企业跨代创业的类型有很多，各有侧重。由于成长环境、个性能力和发展意愿的差异，很多家族企业继任者并不愿意沿着父辈们的发展道路前进，而是另辟蹊径，进入了房地产、新能源、风险投资和金融等行业。然而，这种战略模式并不符合接班式创业的特性。对于继任者来说，接班式创业既有个人的意愿，也应该有父辈们基于经验对宏观经济形势的研判和企业升级转型的意愿。这种贸然异军突起策略会加大企业风险。部分保守的家族企业继任者会选择接班式创业路径，这样既可以保证企业的原有事业，也可以在非家族路径上进行探索，作为家族企业资源的补充。这种创业方式得到了很多二代继任者以及家族创始人的认可，被称为接班式创业。接班式创业意味着继任者创业的最终目的是成为家族企业的合格接班人，新事业要与家族企业原有事业有一定的共同性，这样更易于继任者发挥协同优势，资源共享，提高接班式创业的成功率，同时继任者需要运用战略思维处理新创事业和原有事业之间的关系。

碧桂园以企业控制权及职位传承为切入点，杨国强在选定二女儿作为继承候选人后，在杨惠妍十几岁的时候就带她出席碧桂园内部的重要会议，杨惠妍从美国留学归来后立刻在碧桂园担任采购部经理一职。目前，杨国强退而不休，还在带领杨惠妍管理碧桂园，杨氏家族企业一直沿袭着创业者的创业路径进行探索，企业后续经营管理及转型规划始终围绕初创者对未来经济的研判平稳进行。

接班式创业不单纯是创业，也不仅仅是接班，而是创业和接班的综合体。只有充分考虑这一点，利用家族企业双系统的特性，实现企业原有财富和现有资源的互补与平衡，才能让父辈们理解并长期支持继任者的创业方式，最终实现企业的顺利交接，家族企业继任者的接班式创业才能真正取得成功。

7.1.3 组合式创业

长期以来，相当比例的家族企业继任者都有公司先前的经验，当企业由于市场开拓遭遇困难时，通过组合发展也能够促进企业的成长。企业跨代成长中组合式创业方式在家族企业的相关背景下，已引起学者的关注。作为守业与再创业中和下的适应性产物，组合式创业即直接性探索，是继任者为突破传统模式束缚、实现自身价值创造而进行的多元化业务及企业增量创新活动（李新春等，2015）。基于代际冲突视角，结合烙印理论探讨二代海外特征对家族企业组合式创业影响的研究发现，当家族二代介入企业高层后，二代具有海外经历的家族企业更倾向于选择组合式创业，而且随着二代海外时间的增加，企业组合式创业意愿随之增强，这种影响在二代在家族企业内任职时间更短、父辈行业地位更高的企业中更加显著。相比于海外教育时长，二代海外工作时长更能促进家族企业组合式创业，且二代海外工作的国家或地区为非亚洲区域的家族企业更倾向于组合式创业（杨学磊等，2022）。学术界对于组合式创业的定义有很多，一类是界定性的，另一类是非界定性的。组合式创业者保留原有公司资源，后期在非家族道路上进行探索。对于家族主导的企业而言，组合式创业的一个核心要素是能够直接获得家族企业原有资源。家族企业的一个特定优势是，其独特的控制结构能够随着情况波动而改变资本、劳动力及其他资源，在不利的条件下，这是一种优势。另外，组合式创业强调通过地理上邻近区域集群所带来的好处，这些好处包括获得专业的关键性资源，降低企业成本。

组合式创业者相比于新手创业者而言，拥有更多的股权合伙人，有更广泛的资源网络，而新手创业者在建立一家公司时可能没有一个合作伙伴，而且组合式创业会有更多的经验，这些经验都是影响创业成功与否的关键因素。家族企业之所以在代际成长中会出现组合式创业，是因为家族企业的创业通常是长期的过程，它允许出现复杂的组合式创业模式。继任者实施组合式创业既有企业内部重构的需要，也有市场机会的促使。在家族企业组合式创业过程中，原有企业资源有利于实现其他领域的业务拓展，因为伴随着其他领域的首次创业，家族企业获得了如何做生意以及如何管理一个组合公司的知识，这些都为家族企业的声誉、公司治理提供了帮助，从而进一步吸引商业机会，最终导致了第二波组合式创业活动。总之，在家族企业组合式创业过程中，家族原有资源给企业继任者创业带来了优势。反过来，这个优势又给公司带来了名誉和利益。

7.2　中国家族企业跨代创业成长模式

　　我国很多家族企业的创业模式都经历了白手起家、资本累积的艰苦创业过程。随着资本累积的完成，到了代际传承时期，由于家族企业继任者所受教育以及生长环境不同，他们跨代创业的成长模式也存在差异。本书根据我国家族企业在"二次创业"的成长过程中技术特征、制度特征和管理特征的不同，将其成长模式分为四种。

7.2.1　基于技术创新模式

　　一般而言，基于企业资金、技术、人才等方面的限制，家族企业在初次创业过程中所选择的行业都是加工简单的劳动力密集型产业，产品技术含量以及超额价值都比较低，企业也不会创立自己的品牌，企业的技术研发以及技术创新能力都比较薄弱。当企业经过长期的发展，扩大到一定规模后，企业原本的劳动力密集型以及简单的加工方式已经不能满足市场需求，如果继任者想要进一步拓展企业成长空间，提升企业的市场竞争力，实现企业的技术创新以及研发自主品牌，技术创新就显得非常重要。很多家族企业继任者选择技术创新，通过改变企业技术特征、研发新的产品来实现企业的二次创业，让企业进入新的成长阶段，这种成长模式被称为技术创新型成长模式。

基于技术创新对企业绩效的影响，学者们研究较多。例如，家族控制权涉入、家族治理权涉入对企业技术创新投入有显著的抑制作用，家族管理权涉入对企业技术创新投入有显著的促进作用，冗余资源会强化家族控制权涉入与企业技术创新投入之间的负向关系，也会强化家族治理权涉入与企业技术创新投入之间的负向关系（王维延，2021）。针对当前中国家族企业由一代创始人和二代继任者共同治理的现状，考虑不同的继任者培养方式对两者间关系的影响发现：两代共存治理时，随着一代创始人逐渐退出企业的决策制定过程，家族企业技术创新呈现出先上升后下降的趋势；二代继任者的外部培养经历对技术创新具有正向影响，而内部培养能够显著增强外部培养对技术创新的正向影响；二代继任者外部培养经历时间越长，两代共存治理中一代创始人的退出程度与家族企业技术创新之间的倒"U"形关系越弱（郑登攀等，2020）。

德力西集团是技术创新模式的成功案例之一。该集团在二次创业过程中，大力推行技术创新，构建新的技术研发体系，企业从仿制技术转向专利技术和高新技术，成功实现了转型，进入了下一个成长阶段。技术创新是企业的核心竞争力，也是最强有力的保障，尤其对核心技术的创新更是如此。技术创新是企业成长与可持续发展的依托，如果企业没有技术创新，那么企业将会遵循自然生命周期的规律，由盛到衰，最终走向灭亡。对于家族继任者来说，要追求企业的长远发展，技术创新是企业跨代创业成长中的一个基本路径。家族继任者往往比家族创始人拥有更高的学历，在跨代创业这样有利的局势和时机下，继任者可以通过自己的阅历、技能以及视野等，在技术上做出一些新的尝试，这些尝试甚至可以改变一代创始人由于过度保守而造成企业市场难以拓展的局面。基于技术创新模式的特点是，企业集中投资于新产品开发，以新产品进入新产业，以新产品创立自有品牌，以引进人才和技术创新体系建设带动企业制度和管理的全面创新，从而实现企业由家族制向现代企业制转型。

7.2.2　基于制度创新模式

制度是一个企业治理的根基，目前我国家族企业主要是由家族成员进行控股，产权单一，不利于社会其他资源的有效引入，阻碍了企业的进一步发展。同时，家族企业的决策通常由个人决定，这会使得一些经营方针存在失误的风险，一些家族企业虽然表面上设立了董事会，但是实际上起关键作用的还是家族成员，其他成员基本没有话语权。在庞大的家族体系中，任人唯亲的现象也普遍存在，不利于公司对于优秀人才的选拔，这会促使企业其他员工工作积极性降低，也会减少员工工作归属感和认同感。另外，很多家族企业的规章制度以家族规则和伦理规则为主，并没有遵循现代化的管理制度，容易引发重人治、轻法治的现象。

在以往研究中，学者们对于企业制度创新有不同见解。企业制度创新的核心内涵是产权制度创新，当企业选择以产权改革作为二次创业的突破口，并以此带动技术和管理创新，实现企业可持续成长时，也就是选择了基于制度创新的成长模式。谢守祥和李杰（2017）通过深入剖析案例发现，家族内部关系、家族商业资本与权利的分配关系、接班人领导才能与岗位的匹配关系对家族企业代际传承有影响，并从在任者视角提出了传承制度设计与创新。家族企业选择"子承父业"模式，其本质不仅是新旧领导者的交替，而且是企业内部新的制度逐步形成的一个过程，为了解决财富的可继承性与人力资本的不可继承性问题，完全有必要设计一套全面的继任计划（余向前，2007），我们可以发现产权创新是制度创新的核心。

制度创新的特点是先启动产权改革，用产权的多元化结构来吸引社会资本，从而带动企业的内部变革。比较典型的案例是浙江正泰集团的改革，该集团在二次创业过程中，以产权的改革为核心进行制度变革，从合伙经营转变为引入外资，由集团化转向股份制，冲破了家族网络的制约。在这种多元化的产权结构下，内部制度体系发生了变化，职业经理取代了家族网络，激发了企业的活力，大大提升了企业的竞争力。

7.2.3　基于管理创新模式

我国家族企业管理的主要特征是家庭式管理，企业的决策、领导以及日常运营活动都基于家族网络，这在一定程度上抑制了企业科学化管理进程的推进。因此，基于管理创新的成长模式，也是家族企业继任者寻求代际创业的新起点。基于管理创新的成长模式，首先需要打破常规的家族式管理，引进专业的管理人才，对企业进行规范，然后对企业的内部管理体系进行彻底改革，建立现代科学的管理体系以及管理制度，实现企业管理的合理化和规范化。管理的创新必然带来制度的创新，这种成长模式的基本演化路径就是通过管理的创新来实现技术创新以及制度创新，然后建立现代化管理制度，为企业的成长拓展空间。企业的管理创新在某些时候也会对企业的产权结构产生影响，使企业产权结构发生变更，从而推动企业的发展，实现二次创业。

周鸣阳（2015）提出代际成长不仅是家族企业物质资本的再累积，还是管理的创新。注重自我管理、提升企业家素质、通过管理他人提升企业家核心能力、智慧用人等，这些都是家族企业长青之道、长盛之魂。我国家族企业正面临转型和代际传承期，如果缺乏完善的继任管理机制和程序，其继任管理问题就显得十分复杂，甚至关系到企业的生死存亡。继任者实施管理创新，顺利完成企业的代际传承，是确保家族企业基业长青的根本。

广东华帝公司的二次创业是管理创新的典型代表，华帝在完成资本原始积累后步入了成长期，选择了管理创新作为二次突破，大量引入专业化管理人才，将管理中层进行一次"大换血"，并引入职业经理人，使得公司的管理更加规范化、专业化，实现了所有权和经营权的分离。该公司由管理创新推动制度创新，为企业的可持续发展打下了坚实的基础。

7.2.4　混合成长模式

在混合成长模式研究方面，张钢和于小涵（2002）认为，对于相当一部分家族企业来说，其跨代创业成长道路的选择并不是那么明显地以技术、制度或者管理特征的变更为出发点，而是以这其中的某两点或者几点来进行创业革新。对于多数家族企业来说，在跨代创业成长过程中，成长道路的选择确实不是单一的。企业是一个复杂的组织，特别是家族企业拥有家族和企业两个庞大的系统，在运营的过程中，可能出现更复杂的问题及困难。因此，家族企业继任者很多时候是选择这三个模式中的某两个或者三个融合实现跨代创业成长。制度创新、管理创新以及技术创新三者相辅相成，企业如果想真正地实现家族管理和现代化管理的有机融合，实现可持续发展，仅有技术创新或者制度改革是远远不够的，我们对其中一方进行改变，另一方就会随之发生变动，进而产生联动效应。如果采用混合成长模式，可以有效地避免一种变革给其他方面带来影响的弊端。混合成长模式的特点在于多种创新结合能够快速有效地推动家族企业的现代化建设，使企业快速步入轨道。也许正是由于这一特性，混合成长模式在家族跨代创业中比较常见，天通集团、方太集团、太太药业等都是通过混合成长模式实现企业跨代成长的成功案例。

第❽章
主要研究结论与家族企业
跨代成长对策建议

通过对家族企业继任者创业导向、社会情感财富和家族企业跨代成长之间影响关系进行系统研究以及实证验证，本书得出了研究结论。以下对研究结论进行概括，并结合研究中的不足对未来研究进行展望。

8.1　主要研究结论

本书研究主要得出以下三方面的结论：

8.1.1　家族企业继任者创业导向结构的三个特征维度

虽然自 Miller 等以后，创业理论研究者以企业为主进行研究的热情逐渐减退，研究重点也从以企业为主转向以创业行为为主，但是在家族企业这一特殊企业情境下，家族企业多数是中小企业，大多是以企业主为领导中心的组织形态，尤其是注重代际传承的家族企业，更加注重企业主对于企业的重要影响。因此，本书研究假设家族企业的核心部分是企业主及其企业的组织，家族企业企业主在家族企业创业导向上有至关重要的影响。

家族企业继任者的创业导向在很大程度上会受家族企业的家庭/家族及代际传承过程的影响，继而对继承后的家族企业创业行为产生举足轻重的影响。为了更好地分析继任者创业导向对家族企业跨代创业成长的影响机理，本书研究将家族企业继任者创业导向的结构特征维度进行了分解。

随着更多代人加大对家族企业管理的参与度，企业风险规避能力提升，同时后代管理者对风险更为厌恶，与创新性、先动性和自主性相比，在家族企业中风险承担性和积极竞争性降低。在家族企业代际传承的背景下，先动性被认为是更重要的，同时具有自主性和创新性。因此，本书研究提出创新性、先动性和自主性共同构成了继任者创业导向的特征维度，并从这三个特征维度开展与社会情感财富、家族企业成长之间关系的研究。

8.1.2　继任者创业导向对家族企业成长的影响

第一，继任者创业导向对家族企业的企业成长存在积极的正向影响。创业导向是企业成功的关键要素。创业导向在企业家把握市场机遇并拓展市场业务的过程中起着至关重要的作用。创业导向是促使企业家进行战略决策的制定和创业活动的重要动因，是家族企业决策总框架的重要影响因素。企业成长是一个持续发展的动态过程，而这一过程是通过挖掘市场机会与创新实现的。同时，创业可以推动企业内部资源的优化配置，发现潜在的创业机会，拓宽市场竞争领域，从而推动企业的多元化发展。当企业面对更好的发展机会时，具有创业导向的家族企业继任者可以采取超前行动、先发制人以及通过率先引入新的产品、新的技术、新的服务等方式领先于竞争对手，同时可以创造性地利用各方面的资源积极把握市场机会并赋予其实现的可能，可以通过给予内部和外部更多的自主权以加快创新的步伐和先发制人的速度，从而促进企业核心竞争力的提升，助力企业竞争优势的形成，使企业获利能力和成长能力得到进一步的提升。

第二，继任者创业导向对家族企业的家族成长存在一定消极的负向影响。创业导向首先强调创新精神，正如熊彼特所言，创新、创业具有"创造性破坏"的力量，家族企业继任者的创业导向可能会带来家族企业思维模式和行为习惯的改变，同时为了通过创新、创业行为塑造其权威性，继任者可能会重新配置家族和企业的资源，甚至致使家族原有的行为范式发生改变。继任者创业导向带来的高风险投资等行为和资源的重新配置，可能会带来家族成员间思想或利益的冲突，从而形成破坏家族和谐稳定、降低家族成员满意度的诱因。继任者的创业导向作为一种战略导向，属于资源消耗型的，不仅消耗着企业既有的资源，甚至对原本属于家族的资源也可能产生占有和消耗。具有创业导向的家族企业继任者继任后，将积极发现与把握机会，创造性地整合资源，面对竞争对手先发制人，率先将新产品和新服务引入市场，采取超前行动等行为，这些往往意味着要进行长期的、不确定性的高风险行为。另外，创新性的项目决策和先动性企业战略决策也可能会遭受股东或家族成员的强烈反对，引起家族内部的不和谐，而且往往会导致家族企业继任者与其他家族成员的目标差异和利益分歧，从而会破坏家族和谐氛围。

8.1.3　社会情感财富的调节作用

通过理论推导和实证研究发现，社会情感财富对继任者创业导向与家族企业跨代成长之间的关系发挥显著的调节效应。社会情感财富在继任者创业导向和影响家族企业跨代成长的过程中起到一定的促进或抑制作用。对于家族社会情感财富保护的需要，会影响家族企业继任者的管理选择，进而影响其创业导向对于家族企业跨代成长方向和力度的作用。家族控制意愿作为家族企业社会情感财富的核心，影响着继任者创业导向与家族企业跨代成长之间的关系，其影响效应主要表现在以下两个方面：家族控制意愿正向调节继任者创业导向与企业成长的关系，即随着家族控制意愿的增强，继任者创业导向对企业成长的正向影响越强；家族控制意愿正向调节继任者创业导向与家族成长的关系，即随着家族控制意愿的增强，继任者创业导向对家族成长的负向影响越强。家族传承意愿作为社会情感财富的重要内容，影响着继任者创业导向与家族企业跨代成长关系的调节效应，主要表现在以下两个方面：家族传承意愿正向调节继任者创业导向与企业成长的关系，即随着家族代际传承意愿的增强，继任者创业导向对企业成长的正向影响增强；家族传承意愿正向调节继任者创业导向与家族成长的关系，即随着家族传承意愿的增强，继任者创业导向对家族成长的负向影响增强。

本书研究结论能够揭示继任者创业导向对家族企业跨代成长的部分作用机制。社会情感财富的影响首先作用于继任者创业导向之上，合理的家族控制意愿和家族传承意愿有利于家族企业继任者发挥创业导向的功能，从而促进家族企业的企业成长和家族成长。

8.2　研究贡献

前文从理论和实证方面进行了系统分析，并得到了较为详尽的研究结果，使本书既定的研究问题得以顺利解决，也实现了研究目的。总体来说，本书是在先期研究的基础上进行传承与拓展的。与原有研究相比，本书具有如下特征：

8.2.1　理论层面的贡献

学者在 20 世纪开始对创业进行大量的研究，聚焦于创业导向如何能促进企业成长，以及两个变量中其他的影响变量。家族企业有其特殊的经营环境及特色，尤其是伴随着我国改革开放进程所成立的大批家族企业，经过四十多年的发展，正在进入代际传承的高峰，如何实现家族企业的再次发展，实现跨代际成长，其相关研究并不多见，这可以让学者有更多的发挥空间。本书除了研究继任者创业导向与家族企业成长间的关系之外，加入了调节变量社会情感财富，借此丰富研究的相关内容，能够更准确地描绘家族企业跨代成长的路径图。

第一，自从创业理论的研究重心由对企业主的研究转移至对创业行为的研究后，学者对于企业主的研究热情就消退许多，但是在家族企业这一特殊企业情境下，家族企业多数是中小企业，大多是以企业主为领导中心的组织形态，尤其是注重代际传承的家族企业，更加注重企业主对于企业的重要影响，本书研究假设企业主及其企业的组织是家族企业的核心部分，对家族企业创业导向具有举足轻重的影响。

第二，拓展了创业导向与企业成长关系问题的研究。以往研究倾向于探讨一般性企业创业导向与企业成长的关系，忽视了对家族与非家族企业的区分。诚如学者研究发现的，只有创业导向与企业成长间的单纯线性关系不足以充分说明彼此间的关联性，本书在全面深化改革和加快经济转型的背景下分析了家族企业继任者创业导向的内涵及作用，探究其与家族企业跨代成长之间的关系，丰富并深化了创业导向理论，同时探讨了家族和企业两个系统的共同成长问题，拓展了家族企业成长的研究主题和边界，为创业导向和企业成长理论提供来自中国家族企业的经验证据。

第三，以往有关家族企业创业导向问题的研究成果，往往聚焦于家族企业创业导向前因变量讨论，较少关注家族企业创业导向的影响结果，而少数有关家族企业创业导向对企业成长影响问题的研究成果，也倾向于讨论家族企业创业导向对企业成长的直接影响，或讨论家族管理权和家族代数等少数几个家族涉入因素在两者间关系的调节作用，忽视了不同类型社会情感财富对两者间关系的直接影响和差异化影响，本书首先区分了两种不同类型社会情感财富，发现不同类型社会情感财富对继任者创业导向与企业成长和家族成长关系的影响不同。本书验证了家族企业社会情感财富的积极作用和消极作用，更深入地揭示了家族企业继任者创业导向对企业成长影响的情境机制及其差异性特征，同时加入了家族企业社会情感财富作为创业导向及家族企业成长间的调节变量，就继任者创业导向与家族企业成长间的关系做了更深入的探讨，进一步丰富了家族企业创业理论。

8.2.2　实践层面的贡献

除上述理论贡献之外，研究结论具有一定的实践价值。本书研究对家族企业的代际传承、跨代创业活动与企业和家族的共同成长实践具有一定启示，可以指导家族企业继任者和代际传承的家族企业更好地利用创业导向促进企业和家族的共同成长，这主要体现在以下三个方面：

第一，继任者创业导向有利于促进家族企业的企业成长，因此发挥创业导向的战略价值应该得到重视。家族企业继任者要重视创业导向，培育和维持家族企业创业导向特征。在现阶段，我国家族企业及企业家的创业导向特征整体水平不高。对于处于代际传承阶段的家族企业而言，平稳度过权力传承期后，跨代创业成长是企业成功实现第二次腾飞、继续实现家族和企业繁荣发展的重要选择。因此，家族企业领导者应积极培育创业导向特征，将领导者层面上的创新性、先动性和自主性特征传递给企业员工，进而促进家族企业成长与发展，同时企业应该积极创造条件，培育和发挥其创业导向对企业成长的促进作用。

第二，要合理利用创业导向，注重创业导向的适度性。家族的和谐与和睦是家族企业家族成长的重要组成部分，而家族成长又关系到企业能否顺利成长和发展。大多数家族企业生命周期短暂是一个不争的事实，家族内部的矛盾是导致家族企业破产或被变卖的重要原因。家族企业持续发展的基础是家族和谐，而家族和谐需要有效的和谐机制，过度的创业导向是家族和谐、和睦的绊脚石，进而影响企业成长。尤其是处于传承过程中的家族企业，需要注意家族成员间的关系问题，家族和睦是家族企业的一切的前提条件。中国人讲究家和万事兴，家族内部出现问题对企业损害非常大。因此，家族企业的继任者在跨代创业成长过程中，要在利用创业导向的同时寻找企业成长与家族成长的平衡点。

第三，由于家族的社会情感财富对家族企业的成长会起到一定的调节作用，家族企业需要对家族控制和家族传承等非经济目标产生足够的重视并深入研究其在多大程度上影响家族企业的成长。同时，制定合理的家族企业发展战略，能够使继任者的创业导向、企业的成长战略、家族的成长目标匹配于家族企业的非经济目标。家族企业继任者在进行跨代创业时，采用何种方式实现家族的控制，以及家族在多大程度上对企业进行控制，是继任者需要考虑的问题之一。本书经过实证检验得出结论：家族控制意愿负向调节继任者创业导向对家族企业成长的积极影响，即家族控制意愿弱化了继任者创业导向对家族企业成长的积极作用。这一结论提醒家族企业的继任者需要认真考量强化家族控制的得失，家族及家族成员应该以何种方式进行家族控制，是股权控制还是管理权控制，家族对家族企业的控制应该把握在多大的程度才能更利于继任者创业导向作用的发挥，等等。家族企业继任者是家族企业跨代成长的关键，是管理与决策的重要角色，是引领家族企业再创辉煌的重要推手。因此，家族企业的继任者需要对社会情感财富的作用引起足够的重视，充分发挥其在继任者创业导向与家族企业成长之间的作用，促进家族企业的企业系统和家族系统的同步成长。

8.3 家族企业跨代成长对策建议

8.3.1 对政府管理部门的建议

8.3.1.1 建立帮扶政策

在实际的企业生产运营过程中，政府起着重要的作用，因为它能够通过政策导向影响企业生产要素的投入与使用，法律法规也要依托政府等机构来确保其实施，政府对于家族企业的市场交易来说具有非常重要的作用。家族企业的发展，时时刻刻都需要与政府进行沟通，土地的开采、资本的融合以及企业的缴税等，这些工作的开展无一不需要得到政府的支持，政府是家族企业生存发展的重要影响因素。

家族企业的发展不仅能实现企业的二次创业，而且能缓解当地经济问题以及就业问题，因此在家族企业实行二次创业的过程中，需要政府大力支持。政府应该不断地提高公共治理水平，打造新型政商生态圈，加速固定资产融资政策推行，实行减税减负以及其他的帮扶政策，也可以通过改变要素市场化配置等方式来降低企业交易成本。政府可以制定并推行相关扶持政策，建议设立继任者创业基地和创业孵化园，对开展企业科技创新、品牌建设、市场开拓、资本运作等有突出贡献的继任者给予专项资金奖励。要全方位、多渠道地关心关爱新继任者的发展，结合现代企业转型升级和创业创新等活动，积极培养和发展家族企业继任者管理及创新能力。在法律方面，对于家族成员的财产分割以及继承要有明确的法律规定。地方政府需要大力完善地方资本市场、要素交易市场和产权交易市场，大力培育研发、信息、咨询和培训等中介组织，方便当地家族企业的组合创业活动。政府应制定完善的公司创业扶持政策，鼓励和吸引当地企业实施组合创业活动的同时，也要做好对外地家族企业的引导，鼓励它们到本地来创业投资。此外，地方政府要加强产业发展规划，积极引导家族企业实施组合创业活动，与之配套地完善相关企业、市场和社会的治理制度与规范，实施知识产权保护，构建企业信用评级体系，营造公平的市场竞争环境，做到市场调节、行业自律与政府干预相结合，自由竞争与法观调控相结合，增强本地和外地家族企业的创业投资意愿。

8.3.1.2　优化家族企业代际成长环境

地方政府应营造友好创业的氛围，使家族企业形成积极向上的创业文化。在管辖范围内的家族企业，地方政府可以对二次创业绩效突出的继任者进行表彰，塑造成功创业的典范，并深入挖掘这些典范企业家的创业经历和故事，加大正面宣传力度，塑造坚忍不拔的创业精神；鼓励和扶持民营家族企业的发展，建立政府风险投资引导基金，从而增加地方创业企业的融资渠道，特别应加大对新兴产业、高新技术产业和新型服务业创业企业的资金扶持力度，积极营造新企业和新业务的形成、发展和成长的良好环境。另外，也要搭建并提供年轻一代企业家培训和交流的平台，同辈压力是推动家族企业年轻一代追求卓越的重要动力。通过举办年轻一代的培训班，使年轻一代之间有借鉴和沟通。当地商会也可以为年轻一代提供帮助与指导，同时也能使其拓展人脉和关系网络。

8.3.2　对家族企业继任者的建议

8.3.2.1　注重创业导向，引导员工发挥创业导向作用

根据本书研究，继任者创业导向有利于促进家族企业的企业成长。继任者在自身注重创业导向的同时，也应该积极将创业导向概念及特征向企业员工进行引述。在当今不断变化的动荡环境下，企业应不断培育创业精神，敢于探索未知领域，不断改进创新，密切关注、预测外部环境的变化趋势，从而有利于企业获取竞争优势，保障其在行业竞争中的优势地位。继任者应鼓励员工不断加强学习并创新，确保企业内部形成良好的学习氛围，而且继任者要起表率作用，自身的创业导向要明显，带头学习，同时也可以为员工提供创新课程，定期检查其学习效果，这样才能有助于创业导向向企业绩效的顺利转化，进而促进家族企业成长与发展。

8.3.2.2 适当弱化控制意愿，助推继任者对企业的积极影响

根据研究发现，家族控制意愿负向调节继任者创业导向对家族企业成长的积极影响，因此在家族继任者管理家族企业时，对于有比较强的家族控制意愿的继任者而言，要根据家族企业的利益与发展适当弱化其控制意愿，选择合适的方式以及尺度对家族企业进行掌控，社会情感财富需要得到继任者的重视。如果过度控制家族企业，很可能会带来无法挽救的损失，只有合理把控家族控制意愿，才能促进家族企业成长进步。

8.3.2.3 把控创业导向，寻求企业与家族间的平衡点

由于家族继任者和创业者所受教育与成长环境存在差异，家族继任者往往更倾向于高风险的创业活动，而家族创业者则受传统思想的影响，一般比较保守。面对这种冲突与矛盾，家族继任者需要对创业导向的度量进行把控，父代社会资本也是几十年的辛苦累积，如果因为自己的激进策略而导致亏损，不仅对企业产生不好影响，整个家族也会产生矛盾。在家族企业代际传承过程中，继任者应该重视对于社会资本的运用和传承。社会资本在两代人之间传承时，常常发生量与质的显性或隐性变化。家族继任者在上位后需要对创始人社会资本进行整合与创新，并积极构建自身社会资本，保持社会资本各项维度的协调发展，为企业实现长期持续发展创造有利的外部环境。此外，在家族企业发展过程中，继任者应当重新审视社会资本的功效，防止可能带来的负面效应。继任者应发展与制度环境相匹配的社会资本结构。随着制度环境的不断完善，社会资本正功效的边际效用在递减，继任者若是基于创业而对社会资本不断地投入，并不一定能给企业带来好处，反而因过度占用生产性资源而成为企业发展的额外负担。因此，在整合父代社会资本以及创新创业的过程中，继任者要努力提升自身能力，寻找企业与家族间的平衡点，为企业提供更加全面、低风险的创新创业策略，从而确保跨代转型创业能够成功，企业绩效得以进一步提升，整个家族的关系也得以保持长期和睦。

8.3.2.4　掌控关键资源，弘扬企业家精神

家族继任者应该控制关键资源，以提高风险承担水平、配合度和企业价值。家族继任者获得关键资源控制权，不仅限制了其他参与人的外部选择，还为家族继任者提供了市场中潜在的更多参与人。在家族继任者未获得足够控制权，甚至由其他参与人控制关键资源的情况下，家族企业风险承担水平将低于最优状态。这说明在现代家族企业经济中，仅仅界定私人产权是不够的，还需要通过各种正式或非正式的契约合理解决代际传承问题，形成一种相互制衡、相互依赖的保护性治理机制。另外，家族企业继任者需要有企业家精神，家族企业继任者在代际传承过程中应深刻理解企业风险承担所具有的重要作用，培养企业家精神，调动其勇于承担风险的积极性，弘扬艰苦奋斗、不屈不挠的企业家精神。

8.3.3　对家族企业创始人的建议

8.3.3.1　合理选择家族企业传承时机

中国传统的血缘情结使得家族内部传承成为家族企业传承最主要的形式和方式，同时伴随着中国家族企业高速发展阶段出生的家族企业后代又恰好经历了中国的计划生育时期，因此形成了能够继承家族企业的人员有限和可传承的对象基本已经早早明确的局面。对于中国家族企业而言，提高和确保家族企业代际传承成功率的关键是继任者的培养而非选择。中国家族企业的二代接班人通常具备良好的个人禀赋，一代的创业者已经积攒了比较可观的物质财富，计划生育政策造就的独生子女一代可以独享上一代的资源，他们具有优良的教育背景、敏锐的国际化视野以及对新鲜事物和新技术敏锐的察觉能力，机会识别和机会把握能力更强，创业导向的潜质较高。然而，通常家族一代却不愿意过早放手，一代的创业和经营管理的经验是企业重要的隐性资源，既能给企业带来竞争优势，也能使企业走入路径依赖的陷阱，延长家族一代创始人的任期，可能会使企业失去对业务、技术进行大胆、尝试性改革的时机。在世界范围内家族企业传承过程中，两代人最佳年龄段分别是一代为51~61岁、二代为23~33岁，这时

进行企业传承的成功率最高。一方面，一代企业家在这个年龄段中正处于年富力强、经验最丰富的时间，但市场和企业都在变化发展，培养接班人要趁早；另一方面，对于二代而言，23～33岁这个年纪是刚刚走出学校走向社会的时候，这个时候他们的学习能力和意愿最强，对于接手家族企业的意愿也比较强。

8.3.3.2 合理安排高管辅佐二代接管

代际传承以及成长是我国家族企业更新换代的必经之路，家族创始人尽早地制订家族传承计划，有计划地培养继任者，有利于企业稳定发展，减少一些不必要的动荡因素，家族继任者也可以提前适应家族企业的管理，利益相关者也能更早地认识继任者，对其信任度也会增加。同时，有计划的传承也有利于财产的合理分配，减少因家族纠纷而产生的法律问题，更好地推进企业高质量发展。另外，家族继任者担负着家族企业的重任，家族创始人可以通过引进高效的管理团队来辅佐二代。继任者由于刚接触企业，对企业的各项管理流程以及业务可能存在不熟悉的情况，这时候需要有一个强有力的助手，最好是家族成员或者创始人比较信赖的人员，这不仅能够帮助企业降低成本，而且能够增加协同效应。在继任者接管家族企业后，当企业能够稳定发展时，可以尝试引入外部职业经理人，为企业提供更加专业和系统的服务，这样既不影响家族对企业的控制，也有利于高效的管理。

8.3.3.3 减少对企业管理的干预，鼓励继任者持续创新

在一般情况下，家族创始人应当在退位后减少参与企业的管理运营活动，这样有利于继任者发挥其能力。继任者在进行创业活动时，可能会基于技术、制度以及管理等方面实行一定的变革，家族创始人应当予以支持，鼓励继任者不断尝试。因为在一个不确定的环境中，企业创始人对企业的战略决策正确与否并不能做出正确的前瞻性判断，继任者的尝试可能帮助企业解决一些长期存在的问题，另外，创始人对于一些优秀的继任者可以适当延长其任期，让其充分发挥家族继任者的优势，实现企业价值再造。

8.4　研究的局限性与展望

鉴于研究对象的特殊性造成的客观资料收集困难以及笔者的研究能力有限等要素，本书尚存在许多不足。

第一，在研究数据方面。为了保证研究结论的可靠性，研究过程中在问卷的设计和数据收集上花费了大量的时间和精力，但是由于研究对象的特殊性，以及窘于时间和空间的限制，本书研究所获取的样本数据仍然在代表性上存在一定的局限。我国地域广阔，东中西部地区之间经济发展不平衡，地区之间的文化差异也较大，导致不同区域的创业氛围也不尽相同，不同地区不同行业企业的发展具有不同的特点，继任者的创业导向会因为地域不同而表现出不同的结构特征，其带来的影响可能也会有所不同，这可能导致研究结果存在一定的偏差。本书只能算是一次尝试性的探索研究，所得到的样本和结论并不能覆盖和代表完成传承的全部家族企业继任者创业导向的特征。在未来的研究中，当进行问卷调研时，在保证各地区样本数据大致相近的条件下，可以考虑将调研的范围扩大至全国乃至更大的范围，尽量囊括全部省份，以便可以对不同地区的家族企业进行一个对比研究，从而使研究结论的可靠性和说服力更高一些。此外，企业成长本身是一个动态演化的过程，时间也应该是研究时所要考虑的一个重点要素，本书研究假设中所提的家族企业继任者创业导向对家族企业跨代成长的影响以及社会情感财富的调节效应，可能都需要经过较长的时间才能得到更加客观、真实的结果，但本书研究所获取的数据都是截面数据，在进行假设检验的时候也通篇使用了线性回归分析方法，并且在进行问题分析时都是从静态的角度进行解释和论证。因此，在未来的研究中，可以考虑综合横向与纵向（时间）两个维度组成面板数据，将研究的时间轴延长，对研究结果进行反复的验证来检验变量之间的关系，使研究结论更加客观、真实、可信。

第二，在研究变量选取和测量方法选择方面。本书研究在进行变量选取和测量方法选择时借鉴了以往的相关研究，同时在进行预测试调研时采取了面对面访谈的方式进行问卷填写，之后向相关领域的专家进行多方求证，并结合小规模预调研的结果，反复打磨问卷语言，使其更通俗易懂，又在正式调研获取数据后，对样本数据进行了变量信度和效度的检验，但由于研究中对于各变量进行测量时所采用的仍然是传统的主观测量方法，即由被调查者结合问卷题项内容凭借主观上的感受和判断进行问卷填写，因此会造成在变量测量上存在一定程度的主观偏差。在未来的研究中，可以考虑采用客观数据，或将主观与客观数据进行结合，或将主观与客观数据进行对比等方法做相关变量测量，以此提升研究的精度和效度。

第三，在研究过程方面。创业导向对家族企业成长的影响机制研究还有待进一步深入。本书研究对家族企业社会情感财富的测量，仅考虑了家族控制意愿和家族传承意愿两个方面，未考虑家族企业继任者创业导向与企业成长和家族成长关系之间还可能存在其他中介变量，这些问题都有待进一步研究和完善。

参考文献

［1］安维东．企业家社会网络、控制权配置与家族企业成长［D］．首都经济贸易大学博士学位论文，2016.

［2］包发根．继任管理与创新：家族企业基业长青的根本——浙江家族企业接班人问题考察［J］．乡镇经济，2006（4）：31-35.

［3］陈红芳．家族企业生命周期管理模式的"蜕变"之路［J］．企业经济，2003（2）：114-115.

［4］陈建林，晏金桃．去家族化对家族企业创新投入的影响——基于中国上市家族企业的实证研究［J］．科技管理研究，2021，41（21）：78-85.

［5］陈劲．创新管理对经典企业管理理论的挑战［J］．中国机械工程，2003（3）：82-85，6.

［6］陈凌，陈华丽．家族涉入、社会情感财富与企业慈善捐赠行为——基于全国私营企业调查的实证研究［J］．管理世界，2014（8）：90-101.

［7］陈凌，应丽芬．从家庭/网络家庭到企业/企业网络——家族企业成长的本土视角［J］．学海，2006（4）：161-166.

［8］陈凌．信息特征、交易成本和家族式组织［J］．经济研究，1998（7）：28-34.

［9］陈文铭，徐晨阳．从推动产业升级转型看固定资产加速折旧新政［J］．财务与会计，2015（3）：66.

［10］陈文婷．创业学习与家族企业跨代创业成长——基于行业、规模及成长阶段的差异分析［J］．经济管理，2013（12）：42-53.

［11］陈文婷．创业学习与家族企业跨代企业家的创业选择［J］．经济管理，2011（8）：47-59.

［12］陈文婷．家族企业跨代际创业传承研究——基于资源观视角的

考察［J］．东北财经大学学报，2012（4）：3-9.

［13］陈晓红，尹哲，吴旭雷．金字塔结构、家族控制与企业价值［J］．南开管理评论，2007（10）：47-54.

［14］陈晓萍等．组织与管理研究的实证方法（第二版）［M］．北京：北京大学出版社，2008.

［15］储小平，李怀祖．家族企业成长与社会资本的融合［J］．经济理论与经济管理，2003（6）：45-51.

［16］储小平．家族企业研究：一个具有现代意义的话题［J］．中国社会科学，2000（5）：51-58.

［17］代吉林，张支南，盛志鹏．家族导向、创业导向与家族企业成长——以组织学习为调节变量［J］．软科学，2015（10）：53-58.

［18］丁栋虹，曹乐乐．创业导向与企业绩效：战略柔性的中介作用［J］．中国科技论坛，2019（9）：101-110.

［19］窦军生，张玲丽，王宁．社会情感财富框架的理论溯源与应用前沿追踪——基于家族企业研究视角［J］．外国经济与管理，2014（12）：64-71+80.

［20］窦军生．家族企业代际传承中企业家默会知识和关系网络的传承机理研究［D］．浙江大学博士学位论文，2008.

［21］杜跃平，王欢欢．创业导向下双元机会能力对新企业绩效的影响——以陕西地区民营新创企业为例［J］．科技进步与对策，2018，35（8）：76-83.

［22］范文．我国家族企业文化研究［D］．华中科技大学硕士学位论文，2012.

［23］方云龙．风险容忍度与企业创新：基于家族企业二代接班者视角的检验［J］．科学决策，2020（1）：50-71.

［24］葛宝山，赵丽仪．创业导向、精一战略与隐形冠军企业绩效［J］．外国经济与管理，2022（2）：117-135.

［25］龚丽敏，江诗松．产业集群龙头企业的成长演化：商业模式视角［J］．科研管理，2012（7）：137-145.

［26］郭超．子承父业还是开拓新机——二代接班者价值观偏离与家族企业转型创业［J］．中山大学学报（社会科学版），2013（2）：

189-198.

[27] 郭萍. 计划生育、家庭结构与中国家族企业传承——一个探索性研究 [J]. 学术月刊, 2014 (1): 89-99.

[28] 韩言锋, 科技型企业创业环境研究 [D]. 吉林大学硕士学位论文, 2005.

[29] 何轩, 宋丽红, 朱沆, 李新春. 家族为何意欲放手? ——制度环境感知、政治地位与中国家族企业主的传承意愿 [J]. 管理世界, 2014 (2): 90-101+110+188.

[30] 何轩, 朱沆. 基于资源观视角的家族涉入与家族企业竞争优势探讨 [J]. 外国经济与管理, 2007 (11): 38-44.

[31] 和苏超, 黄旭, 陈青. 创业导向、前瞻型环境战略与企业绩效关系研究 [J]. 软科学, 2017, 31 (12): 25-28.

[32] 贺小刚, 连燕玲, 余冬兰. 家族和谐与企业可持续成长——基于家族权力配置的视角 [J]. 经济管理, 2010, 32 (1): 50-60.

[33] 胡军, 王霄, 钟永平. 华人企业管理模式及其文化基础——以港、台及大陆为例实证研究的初步结果 [J]. 管理世界, 2002 (12): 104-113.

[34] 胡晓红, 李新春. 家族企业创业导向与企业成长 [J]. 学术研究, 2009 (4): 79-82.

[35] 黄光国, 胡先缙. 人情与面子——中国人的权力游戏 [J]. 领导文萃, 2005 (7): 162-166.

[36] 黄海杰, 吕长江, 朱晓文. 二代介入与企业创新——来自中国家族上市公司的证据 [J]. 南开管理评论, 2018 (1): 6-16.

[37] 黄钧瑶, 吴炯. 家族企业跨代创业研究综述及展望 [J]. 财会月刊, 2021 (23): 113-118.

[38] 贾建锋, 赵希男, 于秀凤, 等. 创业导向有助于提升企业绩效吗——基于创业导向型企业高管胜任特征的中介效应 [J]. 南开管理评论, 2013, 16 (2): 47-56.

[39] 江诗松, 龚丽敏, 魏江. 后发企业能力追赶研究探析与展望 [J]. 外国经济与管理, 2012, 34 (3): 57-64+71.

[40] 焦豪, 周江华, 谢振东. 创业导向与组织绩效间关系的实证研

究——基于环境动态性的调节效应 [J] . 科学学与科学技术管理, 2007 (11): 70-76.

[41] 金花, 高燕. 我国民营家族企业代际传承研究——基于青岛市 1583 份问卷调查分析 [J] . 中共福建省委党校学报, 2016 (1): 84-90.

[42] 克林·盖尔西克, 等. 家族企业的繁衍——家庭企业的生命周期 [M] . 贺敏, 译. 北京: 经济日报出版社, 1998.

[43] 李丹. 企业组织学习、创业导向与绩效关系研究 [D] . 西南交通大学博士学位论文, 2007.

[44] 李树玲, 刘力钢. 基于企业能力基因重组视角的企业价值网络构建 [J] . 兰州大学学报 (社会科学版), 2015, 43 (5): 72-76.

[45] 李先耀. 企业家特异资源、代际传承和家族企业成长关系研究 [J] . 对外经贸, 2013 (8): 108-110.

[46] 李新春, 韩剑, 李炜文. 传承还是另创领地?——家族企业二代继承的权威合法性建构 [J] . 管理世界, 2015 (6): 110-124.

[47] 李新春, 何轩, 陈文婷. 战略创业与家族企业创业精神的传承——基于百年老字号李锦记的案例研究 [J] . 管理世界, 2008 (10): 127-140+188.

[48] 李新春, 刘莉. "家族性"影响因素、战略决策质量与竞争优势关系探析 [J] . 外国经济与管理, 2008 (1): 52-58+65.

[49] 李新春, 刘莉. 嵌入性-市场性关系网络与家族企业创业成长 [J] . 中山大学学报 (社会科学版), 2009 (3): 190-202.

[50] 李新春, 任丽霞. 民营企业的家族意图与家族治理行为研究 [J] . 中山大学学报 (社会科学版), 2004 (6): 239-248.

[51] 李新春, 张鹏翔, 叶文平. 家族二代认知差异与企业多元化战略调整——基于中国上市家族企业二代进入样本的实证研究 [J] . 中山大学学报 (社会科学版), 2016 (3): 183-193.

[52] 李新春. 信任、忠诚与家族主义困境 [J] . 管理世界 (月刊), 2002 (6): 87-93+133.

[53] 李雪芳. 烟草行业人力资源策略、创业导向与绩效关系研究 [D] . 浙江大学硕士学位论文, 2008.

[54] 李艳双, 焦康乐, 刘莎. 家族企业社会情感财富的维度构建与

传承演变 [J]．企业经济，2016（2）：43-48.

[55] 李艳双，马朝红，杨妍妍．企业家精神与家族企业战略转型：基于多案例的研究 [J]．管理案例研究与评论，2019（3）：273-289.

[56] 林枫，薛才玲，张铭．家族企业创业导向影响因素研究述评 [J]．商业经济与管理，2012（7）：57-65.

[57] 刘少红．我国家族企业的信任结构与成长关系探讨 [J]．商业时代，2012（27）：94-96.

[58] 刘小元，林嵩，李汉军．创业导向、家族涉入与新创家族企业成长 [J]．管理评论，2017，29（10）：42-57.

[59] 刘亚军，陈国绪．对资源基础理论的再认识——几个基本概念的澄清及企业成长的新解释 [J]．科技管理研究，2008，28（11）：167-170.

[60] 吕占峰．我国家族企业研究的若干问题综述 [J]．理论月刊，2008（1）：161-165.

[61] 马春爱．论家族企业融资模式演进逻辑——个人依附型融资向市场主导型融资的转化 [J]．生产力研究，2009（24）：57-58+114.

[62] 马国庆．我国商业银行可持续发展的策略选择 [J]．甘肃联合大学学报（社会科学版），2006（5）：41-43.

[63] 马庆国．中国管理科学研究面临的几个关键问题 [J]．管理世界，2002（8）：105-115+140.

[64] 宋冬林，李政．文化基因、信任模式与中国家族企业的管理专业化及国际化 [J]．北方论丛，2007（3）：134-140.

[65] 苏晓华，王平．创业导向研究综述 [J]．科技进步与对策，2010，27（16）：151-155.

[66] 孙明海．医药企业创业导向、组织学习与企业绩效关系研究 [D]．吉林大学博士学位论文，2011.

[67] 孙秀峰，宋泉昆，冯浩天．家族企业企业家隐性知识的代际传承——基于跨代创业视角的多案例研究 [J]．管理案例研究与评论，2017（1）：20-33.

[68] 万向荣．家族式企业的发展路径与管理研究 [D]．华中科技大学博士学位论文，2002.

［69］王海岳．心理场视域下家族企业权力继任者的成长历程［J］．经济问题探索，2008（2）：138-142.

［70］王巧然，陶小龙．创业者先前经验对创业绩效的影响——基于有中介的调节模型［J］．技术经济，2016（6）：24-34.

［71］王世权．日本家族企业成长的理论解析及其影响因素分析［J］．产业经济评论，2008（2）：22-44.

［72］王维延．家族权力涉入对企业技术创新投入的影响研究［D］．广西师范大学硕士学位论文，2021.

［73］王宣喻，储小平．私营企业内部治理结构演变模式研究［J］．经济科学，2002（3）：90-94.

［74］王扬眉，吴琪，罗景涛．家族企业跨国创业成长过程研究——资源拼凑视角的纵向单案例研究［J］．外国经济与管理，2019（6）：105-125.

［75］王扬眉，叶仕峰．家族性资源战略传承：从适应性到选择性组合创业：一个纵向案例研究［J］．南方经济，2018（10）：49-68.

［76］王扬眉．家族企业继承人创业成长金字塔模型——基于个人意义构建视角的多案例研究［J］．管理世界，2019（2）：168-184+200.

［77］王玉艳．对我国改革开放以来家族企业文化问题的对策研究［D］．河北师范大学硕士学位论文，2008.

［78］韦革．中国转型期家族企业成长的制度分析［D］．华中科技大学博士学位论文，2009.

［79］魏春燕，陈磊．家族企业 CEO 更换过程中的利他主义行为——基于资产减值的研究［J］．管理世界，2015（3）：137-150.

［80］魏志华，林亚清，吴育辉，等．家族企业研究：一个文献计量分析［J］．经济学（季刊），2014（4）：27-56.

［81］吴炳德，陈士慧，窦军生，等．家族企业代际创业研究动态与述评［J］．中国科技论坛，2017（3）：117-124.

［82］吴松强，石岩然．打造家族企业和谐成长的信任机制构想［J］．企业经济，2008（1）：38-40.

［83］习近平．在民营企业座谈会上的讲话［N］．人民日报，2018-11-02.

［84］夏霖，陆夏峰．创业导向与企业绩效：胜任力和资源的影响［J］．应用心理学，2006（3）：239-245.

［85］小艾尔弗雷德·D.钱德勒．看得见的手［M］．沈颖，译．北京：商务印书馆，1987.

［86］谢守祥，李杰．代际传承如何延续家族企业辉煌——基于传承制度创新的思考［J］．管理现代化，2017（5）：47-49.

［87］谢雅萍，王国林．家族性资源、创业行动学习与家族创业能力：乐观的调节作用［J］．科研管理，2016（2）：98-106.

［88］熊毅．家族企业成长中的企业家特质变动与企业治理［J］．中南财经政法大学学报，2004（6）：117-121.

［89］徐光毅．信任扩展与家族企业成长［J］．经营与管理，2016（12）：62-64.

［90］徐庆华，刘国光．利用电子商务发展机械制造业中小型企业［J］．信息技术，2001（11）：63-64.

［91］严若森，杜帅．代际传承对家族企业创新投入的影响——社会情感财富理论视角［J］．科技进步与对策，2018（8）：84-91.

［92］杨蕙馨．家族企业异质性特征分析［J］．贵州社会科学，2008（3）：97-101.

［93］杨立峰，李政．企业成长理论与成长动力研究评述［J］．价值工程，2006（12）：106-109.

［94］杨学磊，李卫宁，尚航标．二代海外特征对家族企业组合创业的影响：代际冲突视角［J］．科技进步与对策，2022（1）：110-120.

［95］杨学儒，朱沆，李新春．家族企业的权威系统与代际传承［J］．管理学报，2009（11）：1492-1500.

［96］姚梅芳，栾福明，曹琦．创业导向与新企业绩效：一个双重中介及调节性效应模型［J］．南方经济，2018（11）：83-102.

［97］姚小斌．家族企业创业导向和企业绩效的关系［J］．特区经济，2014（10）：237-238.

［98］叶国灿．论家族企业控制权的转移与内部治理结构的演变［J］．管理世界，2004（4）：147-153.

［99］伊迪斯·彭罗斯．企业成长理论［M］．赵晓，译．上海：上

海三联书店，上海人民出版社，2007.

[100] 易朝辉，段海霞，任胜钢．创业自我效能感、创业导向与科技型小微企业绩效［J］．科研管理，2018（8）：99-109.

[101] 于斌斌．家族企业接班人的胜任-绩效建模——基于越商代际传承的实证分析［J］．南开管理评论，2012（3）：61-71.

[102] 余恕莲，王藤燕．市场化进程、去家族化与研发投入——基于中国高新行业上市家族企业的实证研究［J］．技术经济，2016（9）：27-34.

[103] 余向前，张正堂，张一力．企业家隐性知识、交接班意愿与家族企业代际传承［J］．管理世界，2013（11）：77-88.

[104] 余向前．家族企业代际传承与制度创新［J］．学术月刊，2007（3）：94-99.

[105] 张钢，于小涵．我国家族式企业的特征与成长模式［J］．中国软科学，2002（7）：57-63.

[106] 张启尧，孙习祥．战略导向、绿色资源拼凑与绿色新创企业绩效关系的实证研究［J］．管理现代化，2016，36（6）：46-48.

[107] 张维迎．家族企业如何应对挑战［J］．北方牧业，2003（24）：29.

[108] 张秀娥，张坤．创造力与创业意愿的关系：一个有调节的中介效应模型［J］．外国经济与管理，2018，40（3）：67-78.

[109] 张余华．家族企业治理结构研究［J］．科技进步与对策，2002（10）：21-23.

[110] 张玉利，王晓文．先前经验、学习风格与创业能力的实证研究［J］．管理科学，2011（3）：1-12.

[111] 赵晶，张书博，祝丽敏．传承人合法性对家族企业战略变革的影响［J］．中国工业经济，2015（8）：130-144.

[112] 赵楠．家族企业代际传承中女性继任者的领导力及其影响机制研究［J］．领导科学，2021（16）：64-67.

[113] 郑登攀，李生校，王功博．两代共存治理、继任者培养与家族企业技术创新——基于浙江省数据的分析［J］．科学学与科学技术管理，2020（8）：80-95.

［114］郑登攀，李生校．两代共存治理与中国家族企业技术创新［J］．科技进步与对策，2019（23）：95-102.

［115］郑飞虎，常磊，葛玉良．信任与家族企业的成长能力——基于方太的案例分析［J］．管理案例研究与评论，2015，8（2）：97-116.

［116］中国民营经济研究会家族企业委员会．中国家族企业生态40年［M］．北京：中华工商联合出版社，2019.

［117］周鸿勇，李生校．家族企业社会化变迁模式研究［J］．武汉理工大学学报（信息与管理工程版），2005（1）：197-201.

［118］周立新，杨良明．家族涉入与家族企业创业导向：环境与经营困境的调节作用［J］．科技进步与对策，2018（14）：88-94.

［119］周立新．家族企业创业导向与企业成长：社会情感财富与制度环境的调节作用［J］．科技进步与对策，2018（2）：90-95.

［120］周立新．家族企业网络与企业绩效：社会情感财富的作用机制［J］．江西财经大学学报，2016（5）：54-62.

［121］周立新．信任对家族企业网络绩效的影响：基于东西部地区的实证［J］．重庆大学学报（社会科学版），2009（5）：37-42.

［122］周鸣阳．家族企业继任者成长环境的中外比较［J］．东方企业文化，2010（12）：189-190.

［123］周鸣阳．默会知识视阈下家族企业代际传承管理与创新［J］．商业经济与管理，2015（11）：88-96.

［124］周锐．家族企业去家族化方案及效果分析［J］．财会通讯，2019（8）：89-93.

［125］朱富强．界定家族企业的两个标准及其性质演变［J］．深圳大学学报（人文社会科学版），2011（4）：94-101.

［126］朱沆，Eric Kushins，周影辉．社会情感财富抑制了中国家族企业的创新投入吗？［J］．管理世界，2016（3）：99-114.

［127］朱沆，叶琴雪，李新春．社会情感财富理论及其在家族企业研究中的突破［J］．外国经济与管理，2012（12）：56-62.

［128］朱仁宏，伍兆祥，靳祥鹏．言传身教：价值观一致性、家族传承与企业成长关系研究［J］．南方经济，2017（8）：68-83.

［129］Akhtar C S，Ismail K，Hussain J，et al. Investigating the Moderating Effect of Family on the Relationship between Entrepreneurial Orientation and Success of Enterprise: Case of Pakistani Manufacturing SMEs [J]. International Journal of Entrepreneurship and Small Business, 2015, 26 (2): 233-247.

[130] Anderson R C, Reeb D M. Founding-Family Ownership and Firm Performance: Evidence from the S&P 500 [J]. Journal of Finance, 2003, 58 (3): 1301-1327.

[131] Antoncic B, Hisrich R D. Intrapreneurship: Construct refinement and Cross-cultural Validation [J]. Journal of Business Venturing, 2001, 16 (5): 495-527.

[132] Arzubiaga U, Iturralde T, Maseda A, et al. Entrepreneurial Orientation and Firm Performance in Family SMEs: The Moderating Effects of Family, Women, and Strategic Involvement in the Board of Directors [J]. International Entrepreneurship and Management Journal, 2018, 14 (1): 217-244.

[133] Baron R A. The Role of Affect in the Entrepreneurial Process [J]. Academy of Management Review, 2008, 33 (2): 328-340.

[134] Basly S. The Internationalization of Family SME: An Organizational Learning and Knowledge Development Perspective [J]. Baltic Journal of Management, 2007, 2 (2): 154-161.

[135] Bauweraerts J, Colot O. Exploring Nonlinear Effects of Family Involvement in the Board on Entrepreneurial Orientation [J]. Journal of Business Research, 2016, 70C: 185-192.

[136] Baysinger B D, Turk T A. Effects of Board and Ownership Structure on Corporate R&D Strategy [J]. Academy of Management Journal, 1991, 34 (1): 205-214.

[137] Bee C, Neubaum D O. The Role of Cognitive Appraisal and Emotions of Family Members in the Family Business System [J]. Journal of Family Business Strategy, 2014, 5 (3): 323-333.

[138] Bennedsen M, Nielsen K M, Perez-Gonzalez F, et al. Inside the Family Firm: The Role of Families in Succession Decisions and Performance [J]. The Quarterly Journal of Economics, 2007, 122 (2): 647-691.

[139] Berrone P, Cruz C, Gomez-Mejia L, et al. Socioemotional

Wealth and Corporate Responses to Institutional Pressures: Do Family - Controlled Firms Pollute Less? [J] . Administrative Science Quarterly, 2010, 55 (1): 82-113.

[140] Berrone P, Cruz C, Gomez-Mejia L R. Socioemotional Wealth in Family Firms: Theoretical Dimensions, Assessment Aooriacgesmabd Agenda for Future Research [J] . Family Business Review, 2012, 25 (3): 258-279.

[141] Berrone, Pascual, Cruz, et al. Socioemotional Wealth in Family Firms: Theoretical Dimensions, Assessment Approaches, and Agenda for Future Research. [J] . Family Business Review, 2012. 25 (3) : 298-317.

[142] Bertrand M, Johnson S, Samphantharak K, et al. Mixing Family with Business: A Study of Thai Business Groups and the Families behind Them [J] . Journal of Financial Economics, 2008, 88 (3): 466-498.

[143] Bhagat S, Welch I. Corporate Research and Development Investments International Comparisons [J] . Journal of Accounting and Economics, 1995, 19 (2-13): 443-470.

[144] Block J H , Wagner M. The Effect of Family Ownership on Different Dimensions of Corporate Social Responsibility: Evidence from Large US Firms [J] . Business Strategy and the Environment, 2014, 23 (7): 475-492.

[145] Bravo - Ortega C, Marín A. G. R&D and Productivity: A Two Way Avenue? [J] . World Development, 2011, 39 (7): 1090-1107.

[146] Brickson S L. Organizational Identity Orientation : Forging a Link between Stakeholders [J] . Administrative Science Quarterly, 2005, 50 (4): 576-609.

[147] Burgelman, R. A. A process mode e of internal corporate venturing in the diversified major firm [J] . Administrative Science Quarterly, 1983, 28: 223-244.

[148] Campbell J M, Park J. Internal and external resources of competitive advantage for small business success: Validation across family ownership [J] . International Journal of Entrepreneurship & Small Business, 2016, 27 (4): 505.

［149］Carlson D S , Upton N , Seaman S. The Impact of Human Resource Practices and Compensation Design on Performance: An Analysis of Family-Owned SMEs ［J］. Journal of Small Business Management, 2006, 44 (4): 531-543.

［150］Carney M. Corporate Governance and Competitive Advantage in Family-Controlled Firms ［J］. Entrepreneurship Theory and Practice, 2005, 29 (3): 249-265.

［151］Casillas J C, Moreno A M , Barbero J L. Entrepreneurial Orientation of Family Firms: Family and Environmental Dimensions ［J］. Journal of Family Business Strategy, 2011, 2 (2): 90-100.

［152］Casillas J C, Moreno A M, Barbero J L. A Configurational Approach of the Relationship Between Entrepreneurial Orientation and Growth of Family Firms ［J］. Family Business Review, 2010, 23 (1): 27-44.

［153］Charupongsopon W, Puriwat W. The Influence of Entrepreneurial Orientation and Family Business's Resources and Capabilities on Marketing Performances ［J］. European Research Studies, 2017, 20 (2): 150-163.

［154］Chrisman J J, Chua J H, Sharma P. Trends and Directions in the Development of a Strategic Management Theory of the Family Firm ［J］. Entrepreneurship Theory and Practice, 2005, 29 (5): 555-576.

［155］Chrisman J J, Patel P C. Variations in R&D Investments of Family and Nonfamily Firms: Behavioral Agency and Myopic Loss Aversion Perspectives ［J］. Academy of Management Journal, 2012, 55 (4): 976-997.

［156］Chua J H, Chrisman J J, Bergiel E B. An Agency Theoretic Analysis of the Professionalized Family Firm ［J］. Entrepreneurship Theory and Practice, 2009, 33 (2): 355-372.

［157］Chua J H, Chrisman J J, Chang E P C. Are Family Firms Born or Made? An Exploratory Investigation ［J］. Family Business Review, 2004, 17 (1): 37-54.

［158］Chua J H, Chrisman J J, Sharma P. Defining Family Business by Behavior ［J］. Entrepreneurship Theory and Practice, 1999, 26 (4): 113-130.

[159] Chua J H, Chrisman J J, Sharma P. Succession and Nonsuccession Concerns of Family Firms and Agency Relationship with Nonfamily Managers [J] . Family Business Review, 2003, 16 (2): 89-107.

[160] Chung K H, Wright P, Kedia B. Corporate Governance and Market Valuation of Capital and R&D Investments [J] . Review of Financial Economics, 2003, 12 (2): 161-172.

[161] Clark D, Alvarez S, Barney J B. When Do Family Ties Matter? Entrepreneurial Market Opportunity Recognition and Resource Acquisition in Family Firms [J] . Social Science Electronic Publishing, 2011.

[162] Corbetta M , Kincade J M , Shulman G L. Neural Systems for Visual Orienting and Their Relationships to Spatial Working Memory [M] . MIT Press, 2002.

[163] Covin J G , Green K M , Slevin D P. Strategic Process Effects on the Entrepreneurial Orientation-Sales Growth Rate Relationship [J] . Entrepreneurship: Theory and Practice, 2006, 30 (1): 57-81.

[164] Covin J G , Lumpkin G T. Entrepreneurial Orientation Theory and Research: Reflections on a Needed Construct [J] . Entrepreneurship: Theory and Practice, 2011, 35 (5): 855-872.

[165] Covin J G , Slevin D P. A Conceptual Model of Entrepreneurship as Firm Behavior [J] . Entrepreneurship Theory and Practice, 1991, 15 (1): 7-24.

[166] Covin J G , Slevin D P. Strategic Management of Small Firms in Hostile and Benign Environments [J] . Strategic Management Journal, 1989, 10 (1): 75-87.

[167] Covin J G , Slevin D P. Strategic management of small firms in hostile and benign environments [J] . Strategic Management Journal, 2010, 10 (1): 75-87.

[168] Craig J, Dibrell C. The Natural Environment, Innovation, and Firm Performance: A Comparative Study [J] . Family Business Review, 2006, 19 (4), 275-288.

[169] Cruz C , Nordqvist M. Entrepreneurial Orientation in Family

Firms: A Generational Perspective [J]. Small Business Economics, 2012, 38 (1): 33-49.

[170] Cruz C, Justo R, Castro J O D. Does Family Employment Enhance MSEs Performance? Integrating Socioemotional Wealth and Family Embeddedness Perspectives [J]. Journal of Business Venturing, 2012, 27 (1): 62-76.

[171] Daily C M, Thompson S S. Ownership Structure, Strategic Posture, and Firm Growth: An Empirical Examination [J]. Family Business Review, 1994, 7 (3): 237-249.

[172] Dalziel T, Gentry R J, Bowerman M. An Integrated Agency-Resource Dependence View of the Influence of Directors ' Human and Relational Capital on Firms' R&D Spending [J]. Journal of Management Studies, 2011, 48 (6): 1217-1242.

[173] Davis J A, Tagiuri R. The Influence of Life Stage on Father-Son Work Relationships in Family Companies [J]. Family Business Review, 1989, 2 (1): 47-74.

[174] Davis J A, Tagiuri R. The Influence of Life Stage on Father-Son Work Relation-ships in Family Companies [J]. Family Business Review, 1989, 2 (1): 47-74.

[175] Debicki B J, Kellermanns F W, Chrisman J J, et al. Development of a Socioemotional Wealth Importance (SEWi) Scale for Family Firm Research [J]. Journal of Family Business Strategy, 2016, 7 (1): 47-57.

[176] Debicki B J. Socioemotional Wealth and Family Firm Internationalization: The Moderating Effect of Environmental Munificence [J]. Dissertations & Theses - Gradworks, 2012.

[177] Delmas M A, Toffel M W. Organizational Responses to Environmental Demands: Opening the Blaek Box [J]. Strategic Management Journal, 2008, 29 (10): 1027-1055.

[178] Dess G G, Pinkham B C, Yang H. Entrepreneurial Orientation: Assessing the Construct's Validity and Addressing Some of Its Implications for Research in the Areas of Family Business and Organizational Learning [J].

Entrepreneurship Theory and Practice, 2017, 35 (5): 1077-1090.

[179] Dess G. G &Lumpkin GT. The Role of Entrepreneurial Orientation in Stimulating Effective Corporate Entrepreneurship [J]. Academy of Management Executive, 2005, 19 (1): 147-156.

[180] Drozdow N. What Is Continuity? [J]. Family Business Review, 1998, 11 (4): 337-347.

[181] Dyer W G, Whetten D A. Family Firms and Social Responsibility: Preliminary Evidence from the S&P 500 [J]. Entrepreneurship Theory and Practice, 2006, 30 (6): 785-802.

[182] Dyer W G. Examining the "Family Effect" on Firm Performance [J]. Family Business Review, 2006, 19 (4): 253-273.

[183] Dyer W G. The Family: The Missing Variable in Organizational Research [J]. Entrepreneurship: Theory and Practice, 2003, 27 (4): 401-416.

[184] Eddleston K A, Kellermanns F W. Destructive and Productive Family Relationships: A Stewardship Theory Perspective [J]. Journal of Business Venturing, 2007, 22 (4): 545-565.

[185] Eriksson K, Johanson J, Majkgard A, et al. Effect of Variation on Know ledge Accumulation in the Internationalization Process [J]. International Studies of Management and Organization, 2000, 30 (1): 26-44.

[186] Fan J P H, Wong T J, Zhang T. Founder Succession and Accounting Properties [J]. Contemporary Accounting Research, 2012, 29 (1): 283-311.

[187] Finkelstein S, Hmbrick D C. Strategic Leadership: Top Executives and Their Effects on Organizations [M]. Minneapolis: West Publishing Company, 1996.

[188] Fishman A, Rob R. The Size of Firms and R&D Investment [J]. International Economic Review, 1999, 40 (4): 915-931.

[189] Fu Y, Si S. Does a Second-generation Returnee Make the Family Firm More Entrepreneurial? The China experience [J]. Chinese Management Studies, 2018, 12 (2): 287-304.

［190］Garcés-Galdeano L, Larraza-Kintana M, García-Olaverri C, et al. Entrepreneurial Orientation in Family Firms: The Moderating Role of Technological Intensity and Performance ［J］. International Entrepreneurship and Management Journal, 2016, 12（1）: 27-45.

［191］Gomez-Mejia L R, Larraza-Kintana M, Makri M. The Determinants of Executive Compensation in Family-owned Firms ［J］. Academy of Management Journal, 2003, 46: 226-237.

［192］Gomez-Mejia L R, Moyano-Fuentes J. Socioemotional Wealth and Business Risks in Family-controlled Firms: Evidence from Spanish Olive Oil Mills ［J］. Administrative Science Quarterly, 2007, 52（1）: 106-137.

［193］Gomez-Mejia L R, Campbell J T, Martin G, et al. Socioemotional Wealth as a Mixed Gamble: Revisiting Family Firm R&D Investments With the Behavioral Agency Model ［J］. Entrepreneurship Theory and Practice, 2013, 38（6）: 1351-1374.

［194］Gomez-Mejia L, Cruz C, Imperatore C. Financial Reporting and the Protection of Socioemotional Wealth in Family-Controlled Firms ［J］. European Accounting Review, 2014, 23（3）: 387-402.

［195］Gomez-Mejia L, Makri M, Kintana M L. Diversification Decisions in Family-Controlled Firms ［J］. Journal of Management Studies, 2010, 47（2）: 223-252.

［196］Gudmundson D., Tower C. B. and Hartman, E. A. Innovation in Small Businesses: Culture and Ownership Structure Do Matter. Journal of Developmental Entrepreneurship, ［J］. 2003（1）: 1-18.

［197］Gulati R, Higgins M C. Which Ties Matter When? The Contingent Effects of Interorganizational Partnerships on IPO Success ［J］. Strategic Management Journal, 2003, 24（2）: 127-144.

［198］Gupta V K, Wales W J. Assessing Organisational Performance Within Entrepreneurial Orientation Research: Where Have We Been and Where Can We Go from Here? ［J］. Journal of Entrepreneurship, 2017, 26（3）: 51-76.

［199］Habbershon T G, Williams M, Mac Millan I C. A Unified System

Perspective of Family Firm Performance [J] . Journal of Business Venturing, 2003, 18 (4): 451-465.

[200] Habbershon T G , Astrachan J H. Research Note Perceptions Are Reality: How Family Meetings Lead to Collective Action [J] . Family Business Review, 1997, 10 (3): 37-52.

[201] Habbershon T G, Pistrui J. Enterprising Families Domain: Family-Influenced Ownership Groups in Pursuit of Transgenerational Wealth [J] . Family Business Review, 2002, 15 (3): 223-237.

[202] Hadjimanolis A. A Resource-based View of Innovativeness in Small Firms [J] . Technology Analysis & Strategic Management, 2000, 12 (2): 263-281.

[203] Handler W C. Methodological Issues and Considerations in Studying Family Businesses [J] . Family Business Review, 1989, 2 (3): 257-276.

[204] Haucka J, Suess-Reyes J, Beck S, et al. Measuring Socioemotional Wealth in Family Owned and Managed Firms: A Validation and Short Form of the FIBER Scale [J] . Journal of Family Business Strategy, 2016, 7 (3): 133-148.

[205] Hernández-Linares R, Sarkar S, López-Fernández M C. How has the Family Firm Literature Addressed its Heterogeneity through Classification Systems? An Integrated Analysis [J] . European Journal of Family Business, 2017, 7 (112): 1-13.

[206] Hernández-Linares R, Sarkar S, Cobo M J. Inspecting the Achilles Heel: A quantitative Analysis of 50 Years of Family Business Definitions [J] . Scientometrics, 2018, 115 (4): 929-951.

[207] Hernández-Perlines F, Moreno-García J, Yañez-Araque B. The Mediating Role of Competitive Strategy in International Entrepreneurial Orientation [J] . Journal of Business Research, 2016, 69 (11): 5383-5389.

[208] Hoskisson R E, Hitt M A, Johnson R A, et al. Conflicting Voices: The Effects of Institutional Ownership Heterogeneity and Internal Governance on Corporate Innovation Strategies [J] . Academy of Management Jour-

nal, 2002, 45 (4): 697-716.

[209] Irava W, Moores K. Resources Supporting Entrepreneurial Orientation in Multigenerational Family Firms [J]. International Journal of Entrepreneurial Venturing, 2010, 2 (3-4): 222-245.

[210] Kallmuenzer A , Peters M. Exploring Entrepreneurial Orientation in Family Firms: The Relevance of Social Embeddedness in Competition [J]. International Journal of Entrepreneurship and Small Business, 2017, 30 (2): 191-213.

[211] Kallmuenzer A, Strobl A, Peters M. Tweaking the Entrepreneurial Orientation-performance Relationship in Family Firms: The Effect of Control Mechanisms and Family-related Goals [J]. Review of Managerial Science, 2018, 12 (4): 835-883.

[212] Kalm M, Gomez-Mejia L R. Socioemotional Wealth Preservation in Family Firms [J]. Revista de Administração, 2016, 51 (4): 409-411.

[213] Katz J , Gartner W B. Properties of Emerging Organizations. [J]. Acaden my of Management Review, 1988, 13 (3): 429-441.

[214] Kellermanns F W, Eddleston K A, Barnett T, et al. An Exploratory Study of Family Member Characteristics and Involvement: Effects on Entrepreneurial Behavior in the Family Firm [J]. Family Business Review, 2010, 21 (1): 1-14.

[215] Kellermanns F W, Eddleston K A. Corporate Entrepreneurship in Family Firms: A Family Perspective [J]. Entrepreneurship Theory and Practice, 2006, 30 (6): 809-830.

[216] Khandwalla P N. The Design of Organizations [J]. Harcourt Brace Jovanovich, 1977 (1): 619-636.

[217] Knight G A. Cross-cultural Reliability and Validity of a Scale to Measure Firm Entrepreneurial Orientation [J]. Journal of Business Venturing, 1997, 12 (3): 213-225.

[218] Kotlar J, Massis A D. Goal Setting in Family Firms: Goal Diversity, Social Interactions, and Collective Commitment to Family - Centered Goals [J]. Entrepreneurship Theory and Practice, 2013, 37 (6): 1263-1288.

[219] Kreiser P , Marino L. Analyzing the Historical Development of the Environmental Uncertainty Construct [J] . Management Decision, 2002, 40 (9): 895-905.

[220] Kreiser P M , Marino L D , Weaver K M. Reassessing the Environment-EO Link: The Impact of Environmental Hostility on the Dimensions of Entrepreneurial Orientation [J] . Academy of Management Annual Meeting Proceedings, 2002 (1): G1-G6.

[221] L Garcés-Galdeano, C García-Olaverri, Huerta E. Management Capability and Performance in Spanish Family Firms [J] . Academia Revista Latinoamerica de Administracion, 2016, 29 (3): 303-325.

[222] Lai Y L, Lin F J, Lin Y H. Factors Affecting Firm's R&D Investment Decisions [J] . Journal of Business Research, 2015, 68 (4): 840-844.

[223] Lee C , Pennings L. Special Issue: Strategic Entrepreneurship: Entrepreneurial Strategies for Wealth Creation [J] . Strategic Management Journal, 2001, 22 (6-7): 615-640.

[224] Lee P M. A Comparison of Ownership Structures and Innovations of US and Japanese Firms [J] . Managerial & Decision Economics, 2005, 26 (1): 39-50.

[225] Lee S M, Peterson S J. Culture, Entrepreneurial Orientation, and Global Competitiveness. [J] . Journal of World Business, 2000, 35 (4): 401-416.

[226] Lee T, Chu W. The Relationship between Entrepreneurial Orientation and Firm Performance: Influence of Family Governance. Journal of Family Business Strategy, 2017, 8 (4): 213-223.

[227] Leenders M , Waarts E. Competitiveness and Evolution of Family Businesses: The Role of Family and Business Orientation [J] . European Management Journal, 2003, 21 (6): 686-697.

[228] Levesque M , Minniti M. The Effect of Aging on Entrepreneurial Behavior [J] . Journal of Business Venturing, 2006, 21 (2): 177-194.

[229] Lieberman M B , Montgomery D B. First - Mover Advantages [J] .

Strategic Management Journal, 1988, 9 (S1).

［230］Lumpkin G T , Brigham K H. Long-Term Orientation and Intertemporal Choice in Family Firms ［J］. Entrepreneurship Theory and Practice, 2011, 35 (6): 1149-1169.

［231］Lumpkin G T, Dess G G. Clarifying the Entrepreneurial Orientation Construct and Linking it to Performance ［J］. Academy of Management Review, 1996, 21 (1): 135-172.

［232］Lumpkin G T, Dess G G. Linking Two Dimensions of Entrepreneurial Orientation to Firm Performance : The Moderating Role of Environment and Industry Life Cycle ［J］. Journal of Business Venturing, 2001, 16 (5): 429-451.

［233］Lévesque M, Minniti M. The Effect of Aging on Entrepreneurial Behavior ［J］. Journal of Business Venturing, 2006, 21 (2): 177-194.

［234］López-Fernández M C, Serrano-Bedia A M, Pérez-Pérez M. Entrepreneurship and Family Firm Research: A Bibliometric Analysis of An Emerging Field ［J］. Journal of Small Business Management, 2016, 54 (2): 622-639.

［235］Madison K, Runyan R C, Swinney J L. Strategic Posture and Performance: Revealing Differences between Family and Nonfamily Firms ［J］. Journal of Family Business Strategy, 2014, 5 (3): 239-251.

［236］Martin W L , Lumpkin T. From Entrepreneurial Orientation to Family Orientation: Generational Differences in the Management of Family Businesses ［J］.2003: 309-321.

［237］McConaugby D L, Matthews C H, Fialko A S. Founding Family Controlled Firms: Performance, Risk, and Value ［J］. Journal of Small Business Management, 2001, 39 (1): 31-49.

［238］Mehrotra V, Morck R, Shim J, et al. Adoptive Expectations: Rising Sons in Japanese Family Firms ［J］. Journal of Financial Economics, 2013, 108 (3): 840-854.

［239］Meulbroek L K. The Efficiency of Equity-Linked Compensation: Understanding the Full Cost of Awarding Executive Stock Options ［J］. Financial Management, 2001, 30 (2): 5-44.

[240] Micelotta E R, Raynard M. Concealing or Revealing the Family? [J]. Family Business Review, 2011, 24: 197-216.

[241] Miller D, Friesen P H. Archetypes of Strategy Formulation [J]. Management Science, 1978, 24 (9): 921-933.

[242] Miller D, Steier L, Breton-Miller I L. What Can Scholars of Entrepreneurship Learn from Sound Family Businesses? [J]. Entrepreneurship Theory and Practice, 2016, 40 (3): 445-455.

[243] Miller D, Breton-Miller I L. Governance, Social Identity, and Entrepreneurial Orientation in Closely Held Public Companies [J]. Entrepreneurship Theory and Practice, 2011, 35 (5): 1051-1076.

[244] Miller D, Lee J, Chang S, et al. Filling the Institutional Void: The Social Behavior and Performance of Family vs Non-Family Technology Firms in Emerging Markets [J]. Journal of International Business Studies, 2009, 40 (5): 802-817.

[245] Miller D, Breton-Miller I L. Deconstructing Socioemotional Wealth [J]. Entrepreneurship Theory and Practice, 2014, 38 (4): 713-720.

[246] Miller D, Breton-Miller I L. Family Governance and Firm Performance: Agency, Stewardship, and Capabilities [J]. Family Business Review, 2006 (1): 73-87.

[247] Miller D, Breton-Miller I L. Managing for the Long Run: Lessons in Competitive Advantage from Great Family Businesses [J]. Family Business Review, 2005, 18 (3): 259-263.

[248] Miller D. Miller (1983) Revisited: A Reflection on EO Research and Some Suggestions for the Future [J]. Entrepreneurship Theory and Practice, 2011, 35 (5): 873-894.

[249] Miller D. The Correlates of Entrepreneurship in Three Types of Firms [J]. Management Science, 1983, 29 (7): 770-791.

[250] Morck R, Yeung B. Agency Problems in Large Family Business Groups [J]. Entrepreneurship Theory and Practice, 2003, 27 (4): 367-382.

［251］Morris M H, Williams R O, Allen J A, et al. Correlates of Success in Family Business Transitions ［J］. Journal of Business Venturing, 1997, 12 (5): 385-401.

［252］Mullens D. Entrepreneurial Orientation and Sustainability Initiatives in Family Firms ［J］. Journal of Global Responsibility, 2018, 9 (2): 160-178.

［253］Mustakallio M , Autio E , Zahra S A. Relational and Contractual Governance in Family Firms: Effects on Strategic Decision Making ［J］. Family Business Review, 2002, 15 (3).

［254］Naldi L, Nordqvist M, Sjöberg K, et al. Entrepreneurial Orientation, Risk Taking, and Performance in Family Firms ［J］. Family Business Review, 2007, 20 (1): 33-47.

［255］Nordqvist M , Melin L. Entrepreneurial Families and Family Firms ［J］. Entrepreneurship & Regional Development, 2010, 22 (3-4): 211-239.

［256］Nordqvist M, Wennberg K, Bau M, et al. An Entrepreneurial Process Perspective on Succession in Family Firms ［J］. Small Business Economics, 2013, 40 (4): 1087-1122.

［257］Nordqvist M, Melin L. Entrepreneurial Families and Family Firms ［J］. Entrepreneurship and Regional Development, 2010, 22 (314): 211-239.

［258］Park Y, Shin J, Kim T. Firm Size, Age, Industrial Networking, and Growth: A Case of the Korean Manufacturing Industry ［J］. Small Business Economics, 2010, 35 (2): 153-168.

［259］Patel P C, Chrisman J J. Risk Abatement as a Strategy for R&D Investments in Family Firms ［J］. Strategic Management Journal, 2014, 35 (4): 617-627.

［260］Pearce J , Fritz D A , Davis P S. Entrepreneurial Orientation and the Performance of Religious Congregations as Predicted by Rational Choice Theory ［J］. Entrepreneurship: Theory and Practice, 2010 (34): 153-158.

［261］Pearson A W, Carr J C, Shaw J C. Toward a Theory of Familiness: A Social Capital Perspective [J]. Entrepreneurship Theory and Practice, 2008, 32 (6): 949-969.

[262] Peters M , Kallmuenzer A. Entrepreneurial Orientation in Family Firms: The Case of the Hospitality Industry [J]. Current Issues in Tourism, 2015, 21 (1): 1-20.

[263] Pimentel D , Couto J P , Scholten M. Entrepreneurial Orientation in Family Firms: Looking at a European Outermost Region [J]. Journal of Enterprising Culture, 2017, 25 (4): 441-460.

[264] Pittino D, Martínez A. B, Chirico F, et al. Psychological Ownership, Knowledge Sharing and Entrepreneurial Orientation in Family Firms: The Moderating Role of Governance Heterogeneity [J]. Journal of business research, 2018, 84 (c): 312-326.

[265] Putniņš T J, Sauka A. Why Does Entrepreneurial Orientation Affect Company Performance? [J]. Strategic Entrepreneurship Journal, 2019, 14: 711-735.

[266] Rauch A , Wiklund J , Lumpkin G T , et al. Entrepreneurial Orientation and Business Performance: An Assessment of Past Research and Suggestions for the Future [J]. Social Science Electronic Publishing, 2010, 33 (3): 761-787.

[267] Revilla A J, Pérez-Luño A, Nieto M J. Does Family Involvement in Management Reduce the Risk of Business Failure? The Moderating Role of Entrepreneurial Orientation [J]. Family Business Review, 2016, 29 (4): 365-379.

[268] Rosenblatt P C. The Interplay of Family System and Business System in Family Farms During Economic Recession [J]. Family Business Review, 1991, 4 (3): 45-57.

[269] Salvato C, Melin L, Creating Value Across Generations in Family-Controlled Businesses: The Role of Family Social Capital [J]. Family Business Review, 2010, 21 (3): 259-276.

[270] Salvato C. Predictors of Entrepreneurship in Family Firms [J]. Journal of Private Equity, 2004, 7 (7): 68-76.

[271] Schepers J, Voordeckers W, Steijvers T, et al. The Entrepreneurial Orientation-performance Relationship in Private Family Firms: The Moderating Role of Socioemotional Wealth [J]. Small Business Economics, 2014, 43 (1): 39-55.

[272] Schulze W S, Lubatkin M H, Dino R N. Altruism, Agency, and the Competitiveness of Family Firms [J]. Managerial and Decision Economics, 2002, 23 (4-5): 247-259.

[273] Schulze W S, Lubatkin M H, Dino R N. Exploring the Agency Consequences of Owership Dispersion among the Directors of Private Family Firms [J]. Academy of Management Journal, 2003, 46 (2): 179-194.

[274] Schumpeter J A. Capitalism, Socialism, and Democracy [M]. New York: Harper Torchbooks, 1942.

[275] Schumpeter J A. Theory of Economic Development [M]. Harvard: Harvard University Press, 1934.

[276] Sciascia S, Mazzola P, Chirico F. Generational Involvement in the Top Management Team of Family Firms: Exploring Nonlinear Effects on Entrepreneurial Orientation [J]. Entrepreneurship Theory and Practice, 2013, 37 (1): 69-85.

[277] Sharma P, Manikutty S. Strategic Divestments in Family Firms: Role of Family Structure and Community Culture [J]. Entrepreneurship Theory and Practice, 2005, 29 (3): 293-311.

[278] Shepherd D A, Wiklund J, Haynie J M. Moving Forward: Balancing the Financial and Emotional Costs of Business Failure [J]. Journal of Business Venturing, 2009, 24 (2): 134-148.

[279] Shepherd D A. An Emotions Perspective for Advancing the Fields of Family Business and Entrepreneurship: Stocks, Flows, Reactions, and Responses [J]. Family Business Review, 2016, 29 (2): 151-158.

[280] Short J C, Payne G T, Brigham K H, et al. Family Firms and Entrepreneurial Orientation in Publicly Traded Firms: A Comparative Analysis of the S&P 500 [J]. Family Business Review, 2009, 22 (1): 9-24.

[281] Simon M, Houghton S M, Aquino K. Cognitive Biases, Risk Per-

ception, and Venture Formation [J] . Journal of Business Venturing, 2000, 15 (2): 113-134.

[282] Sirmon D G, Hitt M A. Managing Resources: Linking Unique Resources, Management, and Wealth Creation in Family Firms [J] . Entrepreneurship Theory and Practice, 2003, 27 (4): 339-358.

[283] Sobirin A, Rosid A. Strategic Entrepreneurship of Family Firm under the Leadership Transition: A Single Case Study [J] . International Journal of Applied Business and Economic Research, 2017, 15 (15): 205-229.

[284] Sorenson R L. Conflict Management Strategies Used by Successful Family Businesses [J] . Family Business Review, 1999, 12 (11): 325-339.

[285] Stenholm P, Pukkinen T, Heinonen J. Firm Growth in Family Businesses: The Role of Entrepreneurial Orientation and the Entrepreneurial Activity [J] . Journal of Small Business Management, 2016, 54 (2): 697-713.

[286] Stevenson H. H. , Jarillo J. C. A Paradigm of Entrepreneurship Entrepreneurship Management [J] . Strategic Management Journal, 1990, 11: 17-27.

[287] Stewart A. Help One Another, Use One Another: Toward an Anthropology of Family Business [J] . Entrepreneurship Theory and Practice, 2003, 27 (4): 383-396.

[288] Teal E J, Upton N, Seaman S L. A Comparative Analysis of Strategic Marketing Practices of High-growth U. S. Family and Non-family Firms [J] . Journal of Developmental Entrepreneurship, 2003, 8 (2): 177-195.

[289] Tripopsakul S, Asavanant K. Entrepreneurial Orientation, Firm Resources, and Business Performance: The Evidence from STEP Data [J] . International Journal of Economic Research, 2017, 14 (12): 231-241.

[290] Uhlaner L M , Kellermanns F W , Eddleston K A , et al. The Entrepreneuring Family: A New Paradigm for Family Business Research [J] . Small Business Economics, 2012, 38 (1): 1-11.

[291] Upton N, Teal E J, Felan J T. Strategic and Business Planning Practices of Fast Growth Family Firms [J] . Journal of Small Business Man-

agement, 2010, 39 (1): 60-72.

[292] Vandekerkhof P , Steijvers T , Hendriks W , et al. The Effect of Organizational Characteristics on the Appointment of Nonfamily Managers in Private Family Firms: The Moderating Role of Socioemotional Wealth [J] . Family Business Review, 2015, 28 (2): 104-122.

[293] Vecchiarini M , Mussolino D. Determinants of Entrepreneurial Orientation in Family-owned Healthcare Organizations [J] . International Journal of Healthcare Management, 2013, 6 (4): 237-251.

[294] Villalonga B, Amit R. How do Family Ownership, Control and Management Affect Firm Value? [J] . Journal of Financial Economics, 2006, 80 (2): 385-417.

[295] Voss Z G , Voss G B , Moorman C. An Empirical Examination of the Complex Relationships between Entrepreneurial Orientation and Stakeholder Support [J] . European Journal of Marketing, 2005, 39 (9/10): 1132-1150.

[296] Ward J L, Aronoff C E. Trust Gives You the Advantage [J] . Nation's Business, 1991 (8) : 42-45.

[297] Westhead P, Cowling M, Howorth C. The Development of Family Companies: Management and Ownership Imperatives [J] . Family Business Review, 2001, 14 (4): 369-385.

[298] Wiklund J , Shepherd D. Entrepreneurial Orientation and Small Business Performance: A Configurational Approach [J] . Journal of Business Venturing, 2005, 20 (1): 71-91.

[299] Wiklund J, Shepherd D. Knowledge - based Resources, Entrepreneurial Orientation, and the Performance of Small and Medium - sized Businesses [J] . Strategic Management Journal, 2003, 24 (13): 1307-1314.

[300] Wiklund J. The Sustainability of the Entrepreneurial Orientation - Performance Relationship [J] . Entrepreneurship Theory and Practice, 1999, 24 (1): 37-48.

[301] Winkel D , Vanevenhoven J , Yu A , et al. The Invisible Hand in Entrepreneurial Process: Bricolage in Emerging Economies [J] . International Journal of Entrepreneurship and Innovation Management, 2013, 17 (4-6):

214-223.

［302］Wolff J A , Pett T L. Learning and Small Firm Growth: The Role of Entrepreneurial Orientation. ［J］. Academy of Management Annual Meeting Proceedings, 2007（1）.

［303］Xiao J J, Alhabeeb M J, Hong G S, et al. Attitude toward Risk and Risk-Taking Behavior of Business-Owning Families ［J］. Journal of Consumer Affairs, 2001, 35（2）: 307-325.

［304］Xu N, Yuan Q, Jiang X, et al. Founder's Political Connections, Second Generation Involvement, and Family firm Performance: Evidence from China ［J］. Journal of Corporate Finance, 2015, 33（3）: 243-259.

［305］Yordanova D I. Entrepreneurial Orientation in Family and Non-family Firms: Evidence from Bulgaria ［J］. International Journal of Business and Economic ences Applied Research, 2011, 4（1）: 185-203.

［306］Zahra S A, Covin J G. Contextual Influences on the Corporate Entrepreneurship-performance Relationship: A Longitudinal Analysis ［J］. Entrepreneurship Research Journal, 1995, 10（1）: 43-58.

［307］Zahra S A, Garvis D M. International Corporate Entrepreneurship and Firm Performance : The Moderating Effect of International Environmental Hostility ［J］. Journal of Business Venturing, 2000, 15（5）: 469-492.

［308］Zahra S A, Hayton J C, Salvato C. Entrepreneurship in Family vs. Non-Family Firms: A Resource-Based Analysis of the Effect of Organizational Culture ［J］. Entrepreneurship Theory and Practice, 2004, 28（4）: 363-381.

［309］Zahra S A. Entrepreneurial Risk Taking in Family Firms ［J］. Family Business Review, 2005, 18（1）: 23-40.

［310］Zellweger T M, Eddleston K A, Kellermanns F W. Exploring the Concept of Familiness: Introducing Family Firm Identity ［J］. Journal of Family Business Strategy, 2010, 1（1）: 54-63.

［311］Zellweger T M, Nason R S, Nordqvist M, et al. Why Do Family Firms Strive for Nonfinancial Goals? An Organizational Identity Perspective ［J］. Entrepreneurship Theory and Practice, 2013, 37（2）: 229-248.

［312］Zellweger T M, Nason R S, Nordqvist M. From Longevity of Firms to Transgenerational Entrepreneurship of Families: Introducing Family Entrepreneurial Orientation ［J］. Family Business Review, 2012, 25 (2): 136-155.

［313］Zellweger T, Sieger P. Entrepreneurial Orientation in Long-lived Family Firms ［J］. Small Business Economics, 2012, 38 (1): 67-84.

［314］Zucker L G. Production of Trust: Institutional Sources of Economic Structure ［J］. Research in Organizational Behavior, 1986 (8): 53-111.

附录　调查问卷

尊敬的先生、女士：

您好！

本问卷旨在调查**继任者创业导向对家族企业跨代成长的作用机制，本研究的调查对象为完成代际传承的家族企业及其继任者**。本调查中获得的所有信息都将被严格保密，我们在这里郑重承诺此次调查完全是一个学术性质的研究，我们保证绝对不会将所获取的任何信息以任何形式用于任何商业行为。我们会负责地承诺，您所填写的所有信息将不会向任何商业机构泄露，本次研究所用到的所有信息及其研究成果将完全应用于学术。本研究的结果将有助于学术发展以及实践上的应用，请您放心并尽可能客观填写。此次研究能否顺利进行并得到相应的研究结果，与您的热心帮助与积极参与密不可分。

本次调研过程可能需要花费您大约十分钟的时间，非常感谢您仔细填写问卷，对于给您带来的叨扰和不便请多多包涵！您所填写的资料完整性与准确性将在很大程度上影响本次研究的结论，请您仔细阅读每一题的题项，请不要遗漏任何的题项。对于题项中的任何问题，您根据个人看法予以回答即可。

本次研究希望能够给处于传承高峰期的家族企业及其继任者一些启示和建议，并希望能够促进更多的家族企业顺利实现代际传承，促进我国家族企业的持续、健康、快速发展。如果您对本研究感兴趣，请留下您的电子邮箱：＿＿＿＿＿＿＿＿＿＿＿。我们会将相关的研究成果以邮件的形式呈送给您！

第一部分　核心问题调查

请判断以下陈述与贵企业实际情况的符合程度，并按以下规则打分：1 代表程度最低或最少，7 代表程度最高或最多，1 到 7 区间的数字表明符合的程度越来越高。请您在合适的数字上打"√"。

	家族企业继任者创业导向	很低————————→很高						
1	对现有产品线或服务的改造程度	1	2	3	4	5	6	7
2	对新产品线或服务的开发频率	1	2	3	4	5	6	7
3	企业研发投入占销售总额的比重	1	2	3	4	5	6	7
4	对新技术与知识培训工作非常及时	1	2	3	4	5	6	7
5	持续关注市场需求变化趋势，识别和预测顾客未来需要	1	2	3	4	5	6	7
6	在本行业中倾向于率先引入新产品、新服务	1	2	3	4	5	6	7
7	在本行业中倾向于率先开发新市场领域	1	2	3	4	5	6	7
8	在本行业中倾向于率先引入先进管理理念	1	2	3	4	5	6	7
9	允许一些部门或团队独立自主开展工作提高企业创造力	1	2	3	4	5	6	7
10	允许个人或团队自由提出、实施和完成新的创意和思想	1	2	3	4	5	6	7
11	授予基层部门或团队足够自主权以利用市场或技术机会	1	2	3	4	5	6	7
12	采用多种举措持续支持推动新产品开发的个人或团队	1	2	3	4	5	6	7
	家族控制意愿和家族传承意愿	很低————————→很高						
1	企业大多数股份由家族成员所有	1	2	3	4	5	6	7
2	战略决策权由家族成员掌控	1	2	3	4	5	6	7
3	关键管理岗位由家族成员担任	1	2	3	4	5	6	7
4	保持企业家族控制和独立性	1	2	3	4	5	6	7
5	保持企业家族传统和家族特征	1	2	3	4	5	6	7
6	创造和保存家族成员工作机会	1	2	3	4	5	6	7
7	家族成员不会考虑出售家族企业	1	2	3	4	5	6	7
8	将成功企业传递给下一代家族成员	1	2	3	4	5	6	7

续表

	企业成长	很低————————→很高						
1	继任后本企业资产规模增长程度	1	2	3	4	5	6	7
2	继任后本企业雇员人数增长程度	1	2	3	4	5	6	7
3	继任后本企业销售额增长程度	1	2	3	4	5	6	7
4	继任后本企业所得利润增长程度	1	2	3	4	5	6	7
5	继任后本企业主导产品市场份额增长程度	1	2	3	4	5	6	7
	家庭成长	很低————————→很高						
1	家族成员间彼此满意度	1	2	3	4	5	6	7
2	和家人团聚、相处的时间	1	2	3	4	5	6	7
3	家族其他成员在企业业务中的机会	1	2	3	4	5	6	7
4	家族对企业的控制力	1	2	3	4	5	6	7

第二部分　背景信息调查

1. 您的性别为

□男性　□女性

2. 您的学历为

□高中、中专及以下　□大专　□本科　□硕士　□博士

3. 贵企业从创立到现在已经经营_____年。

4. 您在企业的职务（如同时兼任多种职务，则填写最高职务）为

□董事长　□董事　□总经理

5. 您接任该职务时的年龄为_____岁。

6. 您已经接任该职务_____年。

7. 您是否拥有海外留学/工作经历？

□否　□是，共_____年。

8. 贵企业的主营业务主要属于哪个行业？

□农业　□制造业　□服务业　□金融业　□房地产业　□互联网、

电子商务　□其他

9. 贵企业当前的雇用员工人数为_____人。

10. 贵企业每年大约招聘人数为_____人。

11. 企业所在省/自治区/直辖市为_____。

问卷到此结束，再次感谢您的支持！